ΦΙΛΟΛΟΓΙΑ

爱言：古典语文学

古典音韵学系列

古音三书

古典拉丁语语音

Vox Latina

William Sidney Allen

A Guide to the Pronunciation of Classical Latin

［英］威廉·西德尼·阿伦 著 黄瑞成 译

西北大学出版社

·西安·

项目资助

古典辞书编纂与古典语文学研究
（2020CDJSK47ZH07）
国家社科基金重大项目"《古典拉丁语汉语大辞典》编纂"
（16ZDA214）阶段性成果

中文版"古音三书"序一

语言首先由声音构成。文字书写固然重要,究竟是第二位的。语料的声音,极富深义。语言的韵律,更是如此。语言的声音及其韵律,构成了语言的音乐性。希腊语和拉丁语韵律事关重大,不惟就诗而言如此:作为语言实质的韵律,其影响无所不在。

中国(汉语)语文学,有极为悠久的语音学乃至音韵学分析传统。这种学术兴趣发生在西方,较中国晚近得多,但西方的理论音韵学和历史音韵学后来居上,发展成为一个体量庞大的学术领域,阿伦(William Sidney Allen)关于希腊语和拉丁语发音的贡献即属此列。他的理论尽管不可避免会引起争议,却仍然是这一领域的基本经典,所有更进一步的讨论都必须参考。将他的著述介绍到中国学术界,将使得东西方历史语文学的一项对话成为可能,这种对话是每一位有志于将语文学全球化的学者的兴趣所在。

黄瑞成教授独具慧眼,精心译成阿伦这三部经典著作,为中国的历史音韵学研究的全球化做出了贡献。特别令人欣慰的是,他对原作的所有前言和导论都给予恰当关注,这为进入西方历史音韵学史领域提供了极好洞见,也为我们就如何翻译相关古代文献展开有历史眼光的富有成效的对话开辟了道路。

应当强调指出,阿伦在一个关键问题上与瑞典音韵学家高本汉(Bernhard Karlgren)观点一致:他们都不关注抽象的音韵学系统，而关注在历史中变迁的音韵学系统在发音上的实情。所以，比较研究希腊语和汉语在音韵学系统和发音模式上的变迁细节，将是一项极具学术吸引力的工作，黄教授翻译的"古音三书"为这项重要学术课题提供了必要准备。我期待着一个时日的到来：能够对中国和希腊两千五百年间的语音变迁，着眼于其语文学和理论细节，作出深入比较研究。到那时候，音韵学史——这个长时段（longue durée）——将会变成一种全球语文学。黄教授愿为此富有雄心的未来学术课题铺路。但此时此刻，就目前而言，他为任何关于希腊语和拉丁语究竟如何发音的讨论，提供了极为重要的出发点。

"古音三书"的翻译出版，是我们全球范围内依然太过狭隘的语文学实现全球化进程中的一个重要时刻。

何莫邪（Christoph Harbsmeier）

丹麦哥本哈根

2022 年 12 月 19 日

中文版"古音三书"序二

阿伦（1918—2004）是过去一百年间为数不多能将发声语音学高水平专业知识，与希腊语、拉丁语和梵语文学的渊博学识相结合的杰出学者之一。阿伦的研究涵盖范围极广：从对高加索阿巴扎语的详尽阐明（"Structure and system in the Abaza verbal complex", *Transactions of the Philological Society*, 1956, 127—176）——这是对一位母语为阿巴扎语的受访者（Major Huseyin Kumuz）超过100小时的语音研究成果——到关于梵语语音学和梵语语法学家的两部研究著作（*Phonetics in Ancient India*, London Oriental Series, 1, London, 1953, and *Sandhi: the Theoretical, Phonetic, and Historical Bases of Word-junction in Sanskrit*, The Hague, 1962）。

读者面前的"古音三书"，是阿伦专门研究希腊语和拉丁语韵律和语音的著作。《古典拉丁语语音》首版于1965年，再版于1978年；《古典希腊语语音》首版于1968年，再版和三版于1974和1987年。这两本书至今畅销不衰，广为学生和老师阅读使用。它们为想要诵读古代著作家，如维吉尔或荷马诗作的读者，提供了简明易懂的指导，还广泛运用于古代戏剧的现代排演中。在中小学以及大学中，这两本书已成为标准参考书目。第三本书《重音与节奏：拉丁语和希腊语的韵律特点》，是为不同于《古典拉丁语语音》和《古典希腊语语音》的读者对象写就的。这本书不会出现在中小学图书馆里,也不大可能出现在本科生的阅读书目中。然而,如莱昂斯(John Lyons)在《古典语音学家阿伦》中所言:"这部著作因其对所有相互关联主题的权威处理而受到普遍认可,且很可能被各相关学科的同行专家评为他的遗作中最为重要的部分。"

这三本书出版以来,在希腊语和拉丁语语音学领域已有了长足进展,我只能简单概述其中最重要的一些著作。按照阿伦作品的出版顺序,我将首先介绍研究拉丁语发音的新著,其次是研究希腊语发音的著作,然后转向研究拉丁语和希腊语音节划分与格律的著述,当然就这三个方面不可避免有相互重叠的著作。关于拉丁语发音,首先我要谈及韦斯(Michael Weiss)的《拉丁语历史与比较语法纲要》(*Outline of the Historical and Comparative Grammar of Latin*, Ann Arbor, 2020)第二版,这本书有一小节针对拉丁语发音(pp.61—70),其中包括对拓展书目的完整标注;这本书也对音变作了最为全面的考察,这些音变在历史上和上古都影响了拉丁语的发音。2021年去世的伟大拉丁语学者亚当斯(Jim Adams),在其人生最后二十年间出版的主要作品中,同样探讨了拉丁语音韵学和正字法的诸多方面。对拉丁语方言差异(或拉丁语正字法练习)感兴趣的读者,推荐其参考亚当斯《公元前200—公元600年拉丁语的区域多样化》(*The Regional Diversification of Latin 200 B.C.—A.D. 600*, Cambridge, 2007)一书中有关"拼写"或"元音"等条目的"索引"。亚当斯的《社会变异与拉丁语》(*Social Variation and the Latin Language*, Cambridge, 2013, 29—198)关于"音韵学与正字法"的长篇章节,也对我们认识拉丁语发音有重要价值。同样重要的是罗伯卡洛(Michele Loporcaro)对拉丁语元音和罗曼语系元音变化长达一本书篇幅的研究:《从拉丁语到罗曼语的元音音长》(*Vowel Length from Latin to Romance*, Oxford, 2015)。

关于希腊语发音,由吉安纳基斯(Georgios K. Giannakis)牵头的团队主编的《希腊语与语言学百科全书》(*Encyclopedia of Greek Language and Linguistics*, Leiden, 2014,也有在线版)中,有许多涉及希腊语发音的条目,包括"重音""音韵学""音节""半元音"等。关于后古典时代的希腊语发音,尤为有用的是霍罗克斯(Geoffrey Horrocks)的《希腊语:关于这门语言及其使用者的历史》(*Greek: A History of the Language and its Speakers*, 2nd edition, Chichester, 2014),以及维塞拉(Carlo Vessella)的《复杂巧妙的语言使用者:阿提卡词汇中的阿提卡式发音》(*Sophisticated Speakers: Atticistic Pronunciation in the Atticist lexica*, Berlin, Boston, 2018)。在此同样值得指出,阿伦将其作为希腊语字母 eta 在公元前 5 世纪演变为前高元音的例证所提到的一些学校课本(p. 74 fn. 22),如今可追溯至罗马时期,或许迟至公元 5 或 6 世纪(参见 Leslie Threatte, *The Inscribed Schist Fragments from the Athens Academy Excavations*, Athens, 2007)。关于希腊语方言的新发现和新研究,也在不断揭示细节:一个典例便是多苏纳(Julián Méndez Dosuna)最近与帕克(Robert Parker)合作的一篇文章("The Pronunciation of Upsilon and Related Matters: A U-Turn", in Robert Parker and Philippa M. Steele eds., *The Early Greek Alphabets: Origin, Diffusion, Uses*, Oxford, 2021, 119—145)。

《重音与节奏》面世以来,其所涵盖的研究主题,已由阿伦的观点获得巨大推进。这本书有一个不尽完美之处,或许会导致一些学者过于草率地轻视其结论,那就是它坚持由斯泰森(R.H.

Stetson）提出的"肌动理论"（Motor Theory），这是一种解释音韵单位即音节的方法。斯泰森提出了一种理论（详见 Motor Phonetics, Amsterdam, 1951），认为音节有其生理基础，他所谓"胸部搏动"参与了单位发音的产生。20 世纪 50 年代，语音学家拉迪福吉德（Peter Ladefoged）领导的实验显示，斯泰森在这一点上是错误的，语音学家通常已不支持肌动理论。阿伦知道拉迪福吉德对斯泰森理论的批评（见《重音与节奏》页 44—45），但仍认为这一模型具有强大的解释作用。阿伦之后，那些关于古代音韵学问题的研究，对肌动理论的充分性并不十分确信。在《希腊语言说中的韵律》（The Prosody of Greek Speech, Oxford, 1994）中，德瓦恩（A.M. Devine）和史蒂芬斯（Laurence D. Stephens）运用出自其他语言的证据，以不足一页的篇幅（p. 73f.）批驳了肌动理论，尽管他们也确实利用了阿伦这部著作很多方面的内容。《重音与节奏》还有其他方面，也为后续成果所取代，例如，阿伦认为罗马语法学家和研究拉丁语重音的作家"盲目地将希腊语系统误用在对拉丁语的说明中"，最近的研究（Philomen Probert, Latin Grammarians on the Latin Accent, Oxford, 2019）证明，这是低估了罗马人描述重音现象的复杂巧妙。

然而，在承认阿伦的《重音与节奏》不乏缺陷的同时，我们也应注意到这部作品的洞见之深刻、阐述之原创和理论之大胆。这本书中讨论的许多问题仍具争议，且尚无普遍认可的理论来解释。随着音韵学诸理论的变革，学者们也在依据不同理论基础来解释希腊和罗马的韵律证据。尽管如此，《重音与节奏》仍具有持久重要性，因为，阿伦的证据搜集和深刻分析，在新理论出现时，对检验它们仍具有重要性。

新的发现仍在使希腊语和拉丁语的韵律和语音学版图复杂化，同时也在增长我们的学识。举个简单的例子，阿伦在《重音与节奏》（页 268）中指出，没有证据表明，公元 4 世纪以前，希腊语诗行中重音音峰与格律节拍相符合，后者是每行诗的强音位置。怀特马什（Tim Whitmarsh）最近的一篇文章《少关注，多重读：一首来自罗马帝国的格律诗》（"Less Care, More Stress: A Rhythmic Poem from The Roman Empire"，*The Cambridge Classical Journal*, 67, 2021, 135—163），发掘了一首早期希腊语诗歌的优秀代表作，它明显具有"重读格律"，从而将希腊语重音性质转变的时期，推溯至比阿伦的设想更早的年代。

对希腊语和拉丁语韵律和语音的研究，仍将在阿伦等人打下的基础上推进。我希望，这三本书的中译本，会促进几辈中国学者更全面地研究这些引人入胜的主题。这些著作是他们最好的研究指南，且毫无疑问，这些著作的翻译将引领未来的学者重新思考希腊语和拉丁语的语音和韵律，并为尚未解决的难题提出新理论和新对策。

克拉克森（James Clackson）
比较语文学教授
剑桥大学耶稣学院

（黄卓尔 译）

Video rem operosiorem esse quam putaram,
emendate pronuntiare.

(LEO, in D. Erasmi *De recta Latini Graecique sermonis pronuntiatione Dialogo*)

我发现,事情要比我所以为的更费劲,
你们要纠正发音。

——狮子(见伊拉斯谟《关于拉丁语和希腊语发音的对话》)

目　录

第二版前言	001
第一版前言	003

语音学导论   009
    （ⅰ）音节、元音与辅音   009
    （ⅱ）辅音   011
    （ⅲ）元音   013
    （ⅳ）重音   015
    （ⅴ）言说与书写   017

1. 辅音   022
    （ⅰ）清破裂音   023
    （ⅱ）浊破裂音   034
    （ⅲ）送气音   041
    （ⅳ）鼻音   043
    （ⅴ）流音   049
    （ⅵ）擦音   053
    （ⅶ）半元音   057
    （ⅷ）h   063
    （ⅸ）x 和 z   067

2. 元音	069
（i）单元音	069
（ii）双元音	085
3. 元音音长	092
（i）概述	092
（ii）隐性音量	094
（iii）hic 与 hoc	108
4. 元音关联	111
5. 重音	117
6. 音量	125
古典拉丁语诗歌中的重音与音量	129
附录 A	132
1. 拉丁语语法学家及其他著作家语录	132
2. 文献作者年表	145
附录 B 英格兰的拉丁语发音	147
附录 C 拉丁语字母表中的字母音名	158
附注	165
文献选目	185
建议发音概说	186
跋"古音三书"	188

第二版前言

本书 1970 年重印时有过少量修订。现在要再次重印,使我有机会将大量修订纳入其中,以便对 1965 年以来出现的或我目力所及的作更进一步的研究,也对我自己观念中的某些转变和推进作出说明。我还增补了大量参考书目,以便有兴趣的读者追究某些更重要或更具争议的要点。在此期间,我的《古典希腊语语音》(*Vox Graeca*, C.U.P., 1968; second edition 1974; third edition 1987)和《重音与节奏》(*Accent and Rhythm*, C.U.P., 1973)也面世了,三本书有很多互参的内容(后两本书分别简写为 *VG* 和 *AR*)。

为了节省开支,同时也为了避免改变第一版的分页,新增补的内容(如 *VG* 第二版那样)采用"附注"方式,而不加入正文当中(正文只有少量修订)。以剑号 †† 标示此处有"附注"。

此外,我还纳入了一个"文献选目",并附录一个对拉丁语(和英语)字母名称的简短说明。

威廉·西德尼·阿伦
于剑桥
1977 年 7 月
(1988 年 8 月重订)

第一版前言

在讨论拉丁语发音主题时，通常会碰到两个问题；这两个问题倾向于具有修辞学性质，而且并不完全局限于非古典学的争议者。首先，我们为什么要关注一门死语言的发音？其次，我们究竟如何才能知晓这门语言当初的发音是怎样的？

为了回答第一个问题，有理由认为，关注这门语言的发音，可以满足探索鉴赏拉丁语文学的需要，而这种文学的基础是一门活语言。进而言之，多数早期文学，尤其是诗，都是口头作品，意在说与听而非写与看。†所以，如果我们要尝试鉴赏某位作家的完整意图，包括他的作品的语音织体（phonetic texture），就必须让我们自己尽可能接近他的时代土生土长的说话者和听话者的发音。若非如此，即使我们对作品从语法和词法上（grammatical and lexical）有完整理解，我们仍将错失当时的经验中的一个要素。的确，我们可以活泼泼地鉴赏譬如莎士比亚（Shakespeare），以一种现代的发音来读或听他的作品——在此情况下，两种语言的距离并不遥远，尽管个体发音会有某种程度的变化，它们之间的联系很大程度上仍保留着；但情形已然殊为不同了，甚至在英语中也是如此，即使我们只回到乔叟（Chaucer）。据说，伯克（Burke）惯于以英语发音来朗读法语诗作；谁若想想譬如雨果（Victor Hugo）的诗行"一阵清香从水仙花簇中飘出"（Un frais parfum sortait des touffes d'asphodèle）★中元音的和谐，他准会得出结论说，伯克那样的鉴赏水平必定极为有限！

我们在此主要关注重构黄金时期（the Golden Age）罗马有教养者的拉丁语发音（the educated pronunciation of Rome）。但一定要注意，甚至在这一时期内也确有变化，某些情况下，还要将兴趣更多放在口头言说的特点上，也要重视此前和此后时期。

我们能够达到的重构古代发音的准确程度，在音与音之间确有差别，但还是能够做到将大多数音确定在相对狭窄的界限内。在某些理想的情况下，则有可能重构发音的细节，尽管这是对规范朗读提出的不合理要求；本书并未不切实际，相比得出合理近似的发音做得更多。但是，读者可以获得知识，不管他实际采用何种发音，他都知道，与最有可能的原初发音，在何种程度上和在哪些方面不同。对于我们大多数人而言，已有我们自己的先入之见，情况将不可避免依然是"我知道也赞同怎样更好；可我还得按更糟的方式行事"（uideo meliora proboque；deteriora sequor）★★；但学术肯定要求我们至少应当知道，何为已知或至少何者最有可能。

正是前段中的主张，通常会引出第二个问题："我们如何知晓？"简单的答案当然没有。证据和论证千差万别，在接下来的书页中，我们将熟悉它们；但在语音重构过程中所援用的主要资料类型，可以概述如下：（1）拉丁语语法学家和其他著作家关于这

★ 这行诗出自雨果的史诗《世纪传奇》（*La Légende des siècles*）卷一中的《沉睡的波阿斯》（"Booz endormi"）一首，首版于1859年流亡期间。雨果的《世纪传奇》被誉为唯一的法语史诗，也堪称唯一的现代史诗。——译注

★★ 这两行诗出自古罗马诗人奥维德的《变形记》（*Metamorphoses.* Liber VII, 20—21）。——译注

门语言发音的特定表述；（2）谐音和语义双关，古代辞源，对天然声音的模拟；（3）拉丁语词在其他语言中的表现；（4）罗曼语族（Romance languages）的演化；（5）拉丁语的拼写惯例，特殊的抄写或铭文变体；（6）拉丁语本身的内在结构，包括其格律模式。我们的论证很少只基于某一类证据，而证据的结合运用，在各种情况下都有变化。语法学家大多都是非常晚近的学者，但他们的证据十分重要，可用来确定较早时期以其他方法构建的发音特征的持续性；他们还常常引述早前作家的观点和做法；他们的一个专业特点，就是在早先的发音惯例从通常言说中消失很久以后，仍然使这些惯例得以保存。

有鉴于第二个问题普遍存在，至少同样重要的是，读者应具备与答案相应的理解力（reasons）；并特别关注阐述"我们如何知道我们知道什么"，尽可能采用不具有技术复杂性的语言。在重构过程中，我们当然要以各种语言理论和技术为根据，但由于本书的主要对象不是语言学专家，故而不会不作恰当解释就使用技术性术语。[①] 参考专家文献数量，亦限于最小之程度；但绝不可认为，这是要将对获益于大量书籍和文章的感激之情最小化，这些文献关涉主题的每一方面，时间跨度大概有一个世纪；尤其是这些著名的综合研究：塞尔曼（Seelmann）《基于生理—历史原理的拉丁语发音》（*Die Aussprache des Latein nach physiologisch-historischen Grundsätzen*，1885）、索梅尔（Sommer）《拉丁语发音—构词学说手册》（*Handbuch der lateinischen Laut- und Formenlehre*，1914）、斯

---

① 较为常见的语音学术语，在预备章节中作了介绍和解释，术语在正文中首次出现时，以星号＊标明其在预备章节中已有讨论。

特蒂文特（Sturtevant）《希腊语和拉丁语发音》（*The Pronunciation of Greek and Latin*，1940）。两部新书尤有助益，值得特别提及：波尼奥利（Maria Bonioli）《从古代到文艺复兴学校中的拉丁语发音》（*La pronuncia del latino nelle scuole dall'antichità al rinascimento*，Parte 1，Torino，1962），特莱纳（Alfonso Traina）《拉丁语字母与发音》（*L'alfabeto e la pronunzia del latino*，2nd edn.，Bologna，1963）。†

  我要感谢多位同仁和学生在我准备这本书过程中给予的鼓励和建议；尤其感谢剑桥大学教育系的亨特先生（Mr. A. G. Hunt），还有利兹大学教育系的汤普森先生（Mr. W. B. Thompson），他们向数位古典学院的教师"试用"了本书早先的草稿，让我从他们的评论和批评中获益。我也感激古典学教师协会（the Joint Association of Classical Teachers）、古典学会所属教育委员会（the Education Subcommittee of the Council of the Classical Association）对本书感兴趣。最后，我要感谢剑桥大学伊曼努尔学院（Emmanuel College）的考勒曼先生（Mr. R. G. G. Coleman），他审读了本书终稿，给予大量宝贵评价和建议。

威廉·西德尼·阿伦
于剑桥
1964 年 3 月

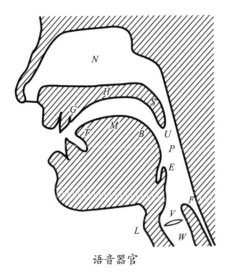

语音器官

B 舌根（Back of tongue）

E 会厌（Epiglottis，吞咽时盖住器官）

F 食道（Food-passage）

G 齿龈（Gums[alveoli]）

H 硬腭（Hard palate）

L 喉头（Larynx，带"喉结"[Adam's apple]）

M 舌中（Middle of tongue）

N 鼻腔（Nasal cavity）

P 咽腔（Pharynx）

S 软腭（Soft palate[velum]，位置更低）

T 舌尖（Tongue-tip）

U 小舌（Uvula）

V 声带、声门（Vocal cords [glottis]）

W 气管（Windpipe）

——依据瓦德《英语语音学》

（Ida C. Ward, *The Phonetics of English*）

语音学导论
Phonetic Introduction

（i）音节、元音与辅音†

在任何一段持续的口头表达中，我们都可以感知到强调（prominence）有某些变化，其声音构成的特点，差不多表现为以强调程度较高和较低的方式交替进行。譬如，《埃涅阿斯纪》(*Aeneid*)开篇★，可以按照相对的强调之程度，大致图示如下：

可以看到，"音峰"（peaks）高度与"音谷"（valleys）深度交替变化；但这是其相对而非绝对的度量，这种度量从语言结构的观点来看十分重要（就当前的目的而言，暂且不论某些音峰升高乃重读［stress］或语调［intonation］之结果）。在上面的例子中，出现了7个音峰，它们之间有6个音谷，如下所示：

★ 维吉尔《埃涅阿斯纪》开篇是：Arma uirumque cano...（我歌唱战争和一个男人……）——译注

音峰：a — a — i — u — e — a — o

音谷：m — u — r — qu — c — n

一段话中的音节（SYLLABLES）之数目，大致等于所强调的音峰的数目。我们把习惯上出现在音峰上的音称为元音（VOWELS），把出现在音谷上的音称为辅音（CONSONANTS）。

然而，这样的分类并不十分明确。所以，*uirum* 中的 *r* 处在音谷，*arma* 中的 *r* 却处在音坡（slope）上；这里的要点是，在 *uirum* 中，*r* 相较于它前面的 *i* 和它后面的 *u*，强调程度较低，而 *arma* 中的 *r*，尽管相较于它前面的 *a*，强调程度较低，但相较于它后面的 *m*，却强调程度较高。同样的情形见于 *arma* 和 *uirumque* 中的 *m*。在这一点上，可取的做法是思考尚未得到规定的"强调"的本质。用琼斯（Daniel Jones）的话说，"音的强调，或由于固有的响度（inherent sonority）（带有力量），或由于长度或重读或特殊的语调，或由于这些方面的结合"；就元音/辅音之区分而言，固有响度是最相关的因素——但也有例外。所以，*uirum* 词首的 *u* 处在音谷，而第二个音节中的 *u* 则构成音峰；可两者的唇舌发音方式（articulation），差不多是一样的。在此，要点是处在 *i* 前面的起首的 *u*，音长被缩减到非常短，①结果失去了强调（尽管其固有响度与 *i* 相当）；另一方面，第二个音节中的 *u*，响度高和被强调，与其前后的 *r* 和 *m* 形成对照。同样的法则，适用于如像 *iussit* 这样的词中的两个 *i*。

既可以作为强调之音峰，也可以作为强调之音谷，这样的音，

---

① 很可能还带有圆唇的放松（relaxation of lip-rounding）。

虽然发音处在音峰（或"核音"[nuclear]）时，被归为元音，但一般称为半元音（SEMIVOWELS）；发音处在音谷（或"界音"[marginal]位置）时，又被归为辅音。所以，拉丁语中的 i 和 u，既是元音，也是辅音，在拉丁语书写中不加区分——譬如，不像在英语中，书写中以 y 和 w 来区分 i 和 u 两个音。

最后，应当注意的是，两个元音可以是前后相继的两个独立的音峰，两个音之间音量则有所缩减，譬如拉丁语中的 a-it, faci-at, abi-it, mortu-us, medi-us, tenu-is。

(ii) 辅音

辅音的基本分类是浊辅音（VOICED）和清辅音（VOICELESS）两个范畴。浊辅音牵涉声带两边的通音（approximation），所以，当气流通过时，造成一种典型的振动，学术上称为"声门音调"（glottal tone）或浊音（VOICE）；清辅音牵涉声带的清晰分离，所以不会出现前述振动。两者的区分，可举英语的（浊辅音）z 和（清辅音）s 来例证。如果捂住耳朵，说话者可以清晰地听到前者的振动；将一个手指放在甲状软骨（thyroid cartilage，"喉结"）的凸起上，也可以感受到这种振动。

按照发音时所牵涉的位置或器官，可进一步对辅音作出分类。所以，唇音（LABIAL）（或双唇音[BILABIAL]）牵涉双唇的发音（譬如英语中的 p），唇齿音（LABIO-DENTAL）牵涉上齿和下唇的发音（譬如英语中的 f），齿音（DENTAL）牵涉舌—唇和上齿的发音（譬如英语中的 th），齿龈音（ALVEOLAR）牵涉舌—唇和上齿龈的发音（譬如英语中的 t），软腭音（VELAR）牵涉舌后部和上腭后部的发音（譬如英语中的 k）。

如果舌或唇完全封闭，气流避免流过口腔，直至封闭释放，这样所发出的音称为闭塞音（STOP）。闭塞音进一步分为破裂音（PLOSIVES）和鼻音（NASALS），根据闭塞音发音时鼻腔封闭抑或打开；英语中的 p, b（双唇音：清辅音和浊辅音），t, d（齿龈音），k, g（软腭音）就是破裂音，而 m（双唇音），n（齿龈音）和歌唱中的 ng（软腭音）就是鼻音。在大多数语言中，鼻音都是固有的浊辅音。

破裂音的"破裂"，指口腔的封闭释放时所造成的音效。如果破裂后声带短暂保持开放，会产生一种听得见的"h 音"（h-sound），这样的辅音称为送气音（ASPIRATED）——譬如在英语和德语中，词首的清破裂音都有清晰的送气。另一方面，在法语中，声带封闭的几乎同时口腔破裂，结果就发出了相对的非送气音（UNASPIRATED）。

如果发声器官不完全封闭，但发声器官的通道狭窄，以至于在气流通过时引﹖一种可以听见的音效，这种音称为擦音（FRICATIVE）。英语﹖﹖f 和 v（唇齿擦音 [labio-dental]：清辅音和浊辅音），s 和 z﹖ 送气音（ASPIRATE）h，有时候也称为"声门擦音"（glottal f﹖

如果舌的一边闭合，另一边让气流﹖ ① 结果就是一个

---

① 或者，可以让舌中间闭合，而两边有气流。

边音（LATERAL）辅音，就像英语中的 l。这样的辅音有时与 r 音一道归类为"流音"（liquids，参见页 32*）。

(iii) 元音

元音音质的变化，主要受舌面不同部位抬升以接近上腭影响，也受此抬升之不同程度导致舌与上腭之间的空隙之大小程度影响。如此，元音的分类根据有二：(a) 其发音的前（FRONT）和后（BACK）之程度（也就是说，牵涉舌与上腭之间的区域更靠前或更靠后），(b) 其闭（CLOSE）或开（OPEN）之程度（也就是说，牵涉舌抬升的程度大小）。

元音彼此之间的关系，就可以合宜地按照一个二维分布表来展示。如此展示的元音，趋向于落入一个三角形或四边形模型，①具体如下：

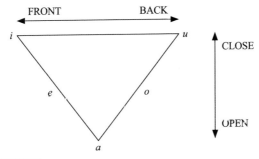

---

* 此类括注页码均指原著页码，即本书边码。——译注

① 应当指出，这样的模型更为准确地适用于元音的声学效果，而非元音实际的生理学发音。

介于前元音和后元音之间的称为央元音（CENTRAL），介于闭元音和开元音之间的称为中元音（MID）（标准的英国南方英语中的所谓"中"［neutral］元音，如在 *sofa* 或 *finger* 末尾，是中－央元音［mid-central vowel］）。

5 　　与已论及的特点有关的是各种等级的圆唇音（lip-ROUNDING）；总而言之，后元音关联圆唇音，前元音关联圆唇音的匮乏（展唇音［lip-spreading］）。所以，英语中的 *u* 和 *i*，譬如在 *put*, *pit* 中，分别是后闭圆唇音（close back rounded）和前闭非圆唇音（close front unrounded）。可是，有时候圆唇音关联前元音，而展唇音关联后元音——所以，法语中的 *u*，德语中的 *ü*，还有古典希腊语中的 υ，都是前圆唇元音，在某些语言中还有后圆唇元音。

　　元音的发音通常鼻腔闭合（抬升软腭［velum］），但如果鼻腔打开，就形成鼻化元音（NASALIZED vowel），譬如法语中的 *on*，语音转录为［õ］。

　　双元音（DIPHTHONGS）构成：先发出一个元音，然后在同一音节中，形成一个渐变的发音（或"滑音"［glide］），朝向另一个元音。最常见但并非必然的情形是，双元音的第一个元素比第二个元素较为敞开。所以，英语 *high* 中的双元音包含一个滑音，由 *a* 滑向 *i*；*how* 中，由 *a* 滑向 *u*；*hay* 中，由 *e* 滑向 *i*。

　　在很多语言中，元音按音长（LENGTH）分为两个等级：长元音（LONG）和短元音（SHORT）。大体上，两者的区分，与音的长短相对应——但并非总是如此。其他特点，诸如肌肉张力（muscular tension），音质不同，还有双元音化（diphthongization）

的趋势，也许至少也具有重要性（譬如，在区分英语 *bit* 中的所谓"短"元音和 *beat* 中的所谓"长"元音时）。†

（iv）重音

重音是一个概括性术语，涵盖了两种不同的语言功能，也涵盖了实现这些功能的两种不同方式。重音的两种功能称为"定界功能"（delimitative）和"高昂功能"（culminative）。第一种功能，如其名称所示，涉及的事实是：在某些语言中，对单词中重音的位置有限制，所以，给出重音的位置，就有可能从中推断出单词的边界。所以，在捷克语（Czech）和匈牙利语（Hungarian）中，单词的重音一般通过重读其首音节来体现；在这些语言中，出现重读表示一个词的起始。在亚美尼亚语（Armenian）中，一般重读单词的末音节。在波兰语（Polish）中，通常重读次末音节（penultimate syllable），所以，出现重读表示一个词的边界在下一音节之后。古典拉丁语的重音的定界功能相当复杂（参见页 83），可是，多数希腊语方言的重音的定界功能却微不足道。† 譬如在英语或俄语（Russian）中，重音位置随意时（比较：英语的 *import*, *impórt*；★ 俄语的 *múka* 意为"折磨"，*muká* 意为"面粉"），重音当然不具有定界功能，因为，由此不可能预见单词的边界。在此情况下，重音

★ 英语 *import*，重音在首音节，作名词；*impórt*，重音在末音节，作动词。——译注

只有其"高昂功能",表明了这段话中所有单词的数量①(这种功能也包含在具有定界功能的重音中);高昂功能实际上被视为对单词之个体性的语音表达,重点突出这个单词的特殊部分。

不管功能是定界(delimitative),抑或仅仅是高昂(culminative),两种特殊的重音发音(accentuation)方式必须认识:(a)音高(PITCH)或音调重音(TONAL accent),(b)重读(STRESS)或动力重音(DYNAMIC accent)。音调重音关涉声–高(voice-pitch)在特定地方的提升,动力重音关涉肌肉用力(主要靠腹肌)。‡

真正重要的区分是音调(tone)与语调(INTONATION)。前者指在个别单词中发挥作用的种种音高模式(pitch-pattern),而"语调"指在整个从句或句子中发挥作用的一种音高模式(pitch-pattern)。当然,在这两类模式之间,可能也的确有相当重要的相互作用;所以,某一给定的单词的音高模式,有可能发生巨大变化,以与句子的音高模式相一致;这种效应,有时候称为单词音调(word-tones)的"摄动"(perturbation)。非常类似的考察也适用于重读之情形,尽管人们或许期待,在单词重读(word-stress)强有力的那些语言譬如英语中,"摄动"较小;然而,甚至在这些语言中也可能有某种变异,譬如 *fundamental* 这个单词在这两个句子中:*it's quite fundaméntal* 和 *it's a fúndamental príncuple*。在法语中,重读是作为一个隔离单位(isolate)的单词的一个特点(在此情况下,重读落在了末音节上);可是,在连贯的言说中,重读准确地说是

---

① 然而,正因为重音的位置随意,才能表达不同含义(如所举英语和俄语单词表明的那样),这一点与具有定界功能的重音不一样。

意群（sense-group）的一个特点。

自然而然，单词音节的重读程度会有所变化，但我们以重读音节意指主要重读的就是这个音节。

在其他条件不变的情况下（*Ceteris paribus*），重读的音产生更大强度的气压，可以感知到比其他音响亮；但如已论及的那样，整体而言，强调某个音，也以其他特点为根据，诸如固有响度、音长和语调；要理清对感知到强调发挥了作用的种种原因，的确并非总是轻而易举。†

世界上各门语言中的重音类型的分布，是一个有待考察而非可以预见的问题。然而，某些多少具有普遍性的法则，看来是可以知晓的。譬如，就有这样的主张：如果一门语言的元音音长有重大差别，如拉丁语或希腊语，它通常将不会有自由的动力重音；而如果一门语言需要将其作为音峰的音节分解为"**莫拉**"（*morae*）（如古典希腊语），它的重音很可能就是音调重音，但如果（像在拉丁语中那样）不要求作这样的分解，重音很可能就是动力重音。

（v）言说与书写

研究一门"死"语言，不可避免主要强调书面语。但应当记住，书写次于言说，并且无论如何都会大为偏离言说，书写以言说为其最终基础。书写符号，多少以完整方式对应于言说的音韵学（phonological）或语法（grammatical）要素；如马蒂内（Martinet）指出的那样，"音质（vocal quality）直接决定言说之线性（linearity），进而决定书写之线性"。因此，在某种意义上，将书写符号说成发音的确是一种误导——毋宁要反过来用另一种方式说，书写符号代表言说要素。但就如今的拉丁语而言，既然大多数口头表达都由对书写文本的朗读构成，那么，关于"发音字母"（pronouncing letters）的传统术语学有理由得到接纳，事实上本书就持这种立场。

在拉丁语中，亦如在现代欧洲语言中，符号（字母）与音韵学要素具有对应关系，而且要比在某些语言，诸如英语、法语或现代希腊语中，更为规范，如所周知，这些语言使用不同的符号或符号组合表达同样的音。

有时候，据说一种理想的书写系统，会有一个符号来对应每一个音——这种书写系统事实上是一种"可视的言说"（visible speech）。然而，由于音的数目在一门语言中是无限的，"同一个"音很可能永远也不会精确重现，这种要求完全不可行。其实也无必要，因为字母表从非常早的时期就已确定下来了。符号的数目可以缩减到易于控制的比例而不会有任何歧义，这一过程长久以来无意识地得到遵循，其理论基础近年也已得到揭示。

必要的并非一音一符号，而是一音位（PHONEME）一符号。一个"音位"是一类相似的音，与其他音根本不同，譬如英语 *tin*, *hat* 等中的 *t* 音类，或 *din*, *had* 等中的 *d* 音类。(清辅音)*t* 音位和（浊辅音）*d* 音位，它们在英语中是不同的音位，故而要求不同符号，因为 *tin* 与 *din* 含义不同，*hat* 与 *had* 含义不同，如此等等；在专门的术语学上，*t* 和 *d* 两个音位的成员（members）"平行分布"（parallel distribution），也就是说，在其他相同的即时环境中，它们彼此对比显著，也与其他音位的成员对比显著（[-] in, ha [-]，如此等等）。

另一方面，英语中词首的 t（如在 tin 中），要比词末的 t（如在 hat 中）送气更强，这一事实并不决定任何含义上的区分，因为，两种变化只出现在不同环境中，所以，彼此无可比性——它们关系"互补"而非平行分布。所以，它们是同一 t 音位的两个成员（或"音位变体"[allophones]）；只需要一个符号来书写它们，因为，音的区分由其环境可以预知，也就是说，词首或词末位置依情况而定。然而，应当注意，音的音位分布，各门语言有别；譬如在古典希腊语或现代印地语（Hindi）这样的语言中，送气和不送气的 t 音属于单独的音位，因为，出现一个或另一个音位，由环境无法预知，而它们的对比也许十分显著（譬如希腊语 τείνω 意为"伸展"，θείνω 意为"打击"；印地语 sāt 意为"七"，sāth 意为"与"[with]）。

一门语言中的音位数目各不相同；譬如，辅音的数目在夏威夷语（Hawaiian）中有 8 个，英语中有 24 个，梵文（Sanskrit）中有 32 个，高加索尤比克语（Caucasian Ubykh）中有 80 个。拉丁语，按照所采用的分析法①，原生词汇中有 15 到 18 个辅音音位。

此外，这种"音位"原则是一种经济原则，确保最小数目的符号与无歧义的言说表达相一致。而且，拉丁语拼写非常接近于完全符合音位。在此方面，主要短板涉及元音，因为，按照标准拼

---

① 基于：是否将 magnus, incipio 等中的 [ŋ]（参见页 23, 27）归类为一个单独的音位，将 qu, gu 视为一个音位（尽管显示为单音双字母 [digraph]），还是视为 c, g 后接辅音化的 u（参见页 16, 25）。

写（orthography），长元音和短元音之间没有区分——所以，譬如，*malus* 意为"坏的"和 *uictum*［攻克］（源于动词 *uinco*［攻占］），与 *malus* 意为"苹果树"和 *uictum*［活的］（源于动词 *uiuo*［活着］）无法区分；作为辅音和作为元音的 *i* 和 *u*，也无法作出区分，如在 *adiecit*，*adiens* 与 *inuitus*，*minuit* 等词语中（*uoluit* 提供了一个真正有歧义的案例）。

当用某个音标符号表示特殊的音时，习惯上将其放在方括号中，譬如用 [tʰ] 表示英语 tin 的首音；另一方面，音位符号通常置于斜线之间，譬如用 /t/ 表示 tin 的首音和 hat 的尾音。在一本主要对象是古典作品的普通读者而非语言学和语音学专家的书中，想来可取的做法是将语音符号保持在最少程度。这就不可避免会在语音、音位和图示（graphic）层面的表述中，引起某些理论上的含混，但不应由此导致应用上的混淆。严格区分各层面（譬如在页 15，28 上，这是必要的），将使得表述更为复杂，从而会模糊此项研究的主要目的。出于同样的理由，在某些情况下，对国际音标字母（International Phonetic Alphabet）的规定作了调整，采用更为常见的形式——譬如，用 [y] 而非 [j] 来表示上腭半元音（palatal semivowel）（后者有可能误导普通英语读者），用长音符号（macron）而非冒号（colon）来表示长元音。

注意：当为拉丁语语音给予英语中的等价音时，除非另有说明，均参照英国南部英语的标准或"标准发音"（Received Pronunciation，R.P.）。选择这种形式的英语作为比较的根据，纯粹是出于实践需要。引例要同等程度适用于英国的所有民族和方言是不可能的，而一个人必须只选择一个标准；"标准发音"到目前为止是最好的记录在案和为人熟知的此类标准。虽然如此，我选择例证还是非常谨慎，尽可能做到不至于肯定会误导其他形式的英语的使用者。

1. 辅音
Consonants

11　　在具体研究单个辅音之前，有重要的一点需要指出：任何时候，拉丁语书写中的双辅音（double consonant）都意味着它相应地应当发长音。这一点可以清楚地从它对前面音节的音量的影响看得出来，譬如，*accidit* 或 *ille* 的首音节总是"重音节"（heavy），参见页89，尽管其中的元音是短元音。完全不考虑格律（metrical），而必须在发音中注意这一点，否则就根本无法区分成对的词语，如 *ager* 与 *agger*，*anus* 与 *annus*。讲英语的人需要特别关注这一点，因为在英语中，只在其属于一个复合词的可分离的要素时，双辅音才如此发音——如在 *rat-tail*，*hop-pole*，*bus-service*，*unnamed* 等词语中；其他情况下，英语书写中的双辅音（譬如在 *bitter*，*happy*，*running* 中）的唯一功能是表示它前面的元音是短元音。英语复合词的确为拉丁语双（或"长"）辅音的发音提供了一个有用的模范。

在早期拉丁语拼写系统中，双辅音写作单辅音；双辅音的写法迟至纪元前2世纪初才出现在铭文中。据说是恩尼乌斯（Ennius）引入了这种新的拼写（参见斐思图斯［Festus］，*solitaurilia* 词条），但在纪元前117年的一篇铭文中，旧的拼写法仍然比新的拼写法常见。① 在这些案例中，单辅音拼写当然并非表示要发单音，常规的长元音的单音书写同样并不表示要发短音。

（i）清破裂音 *②

拉丁语清破裂音有四个变种——双唇清破裂音（bilabial*），齿龈清破裂音（dental*），软腭清破裂音（velar*），圆唇软腭清破裂音（labio-velar），参见页 16；它们的书写形式分别是 p, t, c, qu。前三种与英语的 p, t, k（或"硬音"c）所表示的音有密切关联。

英语中的清破裂音，特别在一个单词的开头，要清晰地送气（aspirated*）。拉丁语中相应的音比较而言不送气，下述事实表明了这一点：在希腊语中，它们通常分别转写为 π, τ, κ（譬如，Καπετωλιον, Κοιντος 对应 Capitolium, Quintus）；因为希腊语字母只能表示不送气清破裂音。罗曼语（The Romance languages）也在缺乏送气音上普遍一致（譬如西班牙语 tiempo 的发音，这个词源于拉丁语 tempus）。

与英语一样而不同于希腊语，原生拉丁语词汇在不送气清破裂音和送气清破裂音之间没有明显差异，所以不存在严重混淆之可能性，某种程度的送气理论上可以容许；还有一条证据，尽管是间接证据，在此关联中却相当具有启发性。

---

① 另一种办法，语法学家曾予以提及，偶尔也见于奥古斯都时期的铭文，就是将"加倍"（sicilicum）符号置于一个字母之上表示加倍（堪比阿拉伯语中的"加倍符"[shadda]）——譬如，OṠA=ossa。
② 术语后的星号 * 表示，这个术语在"语音学导论"中已有解释。

当一个讲英语的人听一门印度语言如印地语（这种语言像古希腊语一样，区分送气辅音和不送气辅音）时，他有将不送气清破裂音，特别是一个单词开头的不送气清破裂音，解释为好像它们是浊辅音（voiced*）的倾向（将 p 听成 b，将 k 听成 g，如此等等）。†原因是，由于英语中的清音（voicelessness）通常关联着送气，完全缺乏送气的情形，如印地语中的 p, t, k 等，也被听成了浊辅音，因为，若无特殊训练，我们不可避免会按照我们原生的音位系统来听取一门外国语。由于有些希腊语词汇以不送气清辅音开头，拉丁语借用它们后将其变成了浊辅音；所以，κυβερνῶ 变成了 guberno，πύξος 变成了 buxus，κόμμι 变成了 gummi，κράβ(β)ατος 变成了 grab(b)atus，如此等等。这有可能意味着，在此方面，罗马人听希腊语时，正如英国人听印地语，也就是说，他自己语言中的清破裂音，至少在单词的开头，倾向于送气。① 大量如此借用来的词汇似乎都带有某种口语特点，它们也许由通俗拉丁语（Vulgar Latin）进一步扩展，譬如由 ἀποθήκη（重构出）botteca（比较意大利语 bottega），或（Appendix Probi, K. iv, 199）② 由 πλαστ- 重构出 blasta。这种趋势在早期也十分普遍，由西塞罗（Cicero）陈述（《论演说家》[Or. 160]）可以见得：恩尼乌斯总是将 Pyrrhus 读如 "Burrus"。事实上，这种现象似乎特别关联着非古典式的借用，按此

---

① 尽管或许不如后来开始这样来书写的词汇（见页 26）。
② 这里以及后文中以此类方式标注的参考文献，均指凯尔（Keil）编《拉丁语语法》（Grammatici Latini）。

很可能反映了真实的言说，而非只是知道书面的希腊语拼写。①

所论固然较为粗略，但讨论已然表明，考察现代对应发音，有时候如何会为解决古代的语言学难题投下亮光；就更为实用的层面而言，我们也许不必过于坚持要拉丁语完全避免送气。

t 据说，由这个字母所代表的拉丁语发音，与英语中类似的音不同，因为，后者中没有齿音（dental*），而有齿龈音（alveolar*）发音（按此发音，舌要与上齿后的牙龈脊［gum-ridge］接触，而非与牙齿本身接触）；但从罗曼语族的证据看，拉丁语有真正的齿音式发音（譬如，就像在法语中那样）。然而，应当提及，语法学家的规定确实好像并非不同于英语中的齿龈音式接触，后者与发浊辅音 *d* 时纯粹的齿音式接触形成对照（譬如，†Terentianus Maurus, K. vi, 331）②。要过多澄清这种证据也许并不明智，因为希腊语和拉丁语语法学家从未能成功发现浊音（voice）与清音（voicelessness）的一般性区分，③所以，完全有可能做到，只把握住

---

① 据说，很多所涉及的词语，很可能是非印欧语言词语，而是由希腊语和拉丁语各自从"地中海"（Mediterranean）来源借来的。†但这并未让论证失效，因为，它们借用的不同形式，表明了讲希腊语和拉丁语的人对音的解释不同。

② 如此标注†的参考文献，见"附录 A.1"。

③ 然而，最早的印度语法学家和语音学家（阿伦《古代印度的语音学》[*Phonetics in Ancient India*]，页 33 及其以下）对此已了然于胸。昆体良（Quintilian, i, 4, 16）建议，要知道 t/d 的区分，但未作讨论。在中世纪，语法学家胡古提奥（Hugutio）依然承认："尽管 *d* 和 *t* 的确是不同的字母，但它们的发音密切关联，因为，从发音无法厘清有何不同（licet enim *d* et *t* sint diuersae litterae, habent tamen adeo affinem sonum, quod ex sono non posset perpendi aliqua differentia）。"在欧洲，迟至 19 世纪才清楚理解了这种不同。

任一较小的甚或虚构的发音上的区分，就可以区分一对特殊的音（参见页 21）。但与此同时，作这样的陈述也再次提出了问题：就此方面，我们是否应当坚决抑制英语的言说习惯。

c 拉丁语的 *c*，在所有情况下都表现为一个**软腭破裂音**（*velar* plosive*）——也就是说，按照通行的术语，它总是发"硬音"（hard）而非"软音"（soft）——甚至在前元音（front* vowels）*e* 和 *i* 前也是如此。事实上，在这种情况下，铭文有时候将 *c* 写作 *k*（譬如 *pake*），而希腊语合乎规范地以 κ 来转写 *c*（譬如以 κησωρ，Κικερων 转写 *cēnsor*, *Cicero*）；这个音也保存在了纪元后 1 世纪至 5 世纪之间凯尔特语（Celtic）和日耳曼语（Germanic）从拉丁语借用的词汇中。语法学家除了将其作为软腭破裂音，没有其他任何建议；瓦罗（Varro, Priscian, K. ii, 30）也提供了确定证据，除了 *ancora*，他还引 *anceps* 作为 *n* 具有软腭音质（velar value）的例证（参见页 27）——在这两个词中，只有紧接着的音相同才讲得通。一个进一步的线索存在于头韵式写法 "*censuit consensit consciuit*"（李维［Livy, i, 32, 13］）中。

的确，随着时间推移，*e* 和 *i* 前面的 *c* 发生了"软化"（比较源于拉丁语 *centum* 的法语 *cent*、意大利语 *cento*、西班牙语 *ciento* 中 *c* 的发音）；但没有证据显示在纪元后 5 世纪前发生过这样的变化；甚至到今天，表示 100 的单词，在撒丁岛（Sardinia）的洛古多罗（Logudoro）方言中仍然读如 *kentu*。

当然，这并不意味拉丁语的 *c* 在所有情况下都代表一个绝对同一的发音。在英语中，譬如，*kit* 开头的音，比 *cat* 开头的音，在上腭部位要更靠前一点，而 *coot* 开头的音某种程度上伴随着一个圆唇音（lip-rounding*）。也许在拉丁语中也有这样的实际证据；原初的短音 *e* 后接一个"模糊音" *l*（参见页 33），通常会演变为一个后元音（back* vowel）*o* 或 *u*——所以，古拉丁语 *helus* 变成了 *holus*，而 *pello* 的过去分词是 *pulsus*；但 *scelus* 没有变成 *scolus*，而已废弃不用的 *cello* 的过去分词是 *celsus* 而非 *culsus*；就此，一个可能的解释是，前面的辅音发音靠前避免了这样的变化。†

在早期拉丁语铭文中，*c* 倾向于仅用在 *i* 和 *e* 前，*k* 倾向于仅用在辅音和 *a* 前（保留在 *Kalendae* 和 *Kaeso* 的缩写形式 K. 中），*q* 倾向于仅用在 *o* 和 *u* 前——譬如 *citra*, *feced*; *liktor*, *kaput*; *qomes*, *qura*——这进一步表明，发音总是根据情况而有所变化；这种实情也见于某些早期埃特鲁利亚语（Etruscan）铭文。然而，这种复杂情况显然并非必然；它并"非音位"（unphonemic）（参见页 7 及其以下），如果一成不变，就会在一个词形变化中出现如 *loqus*, *loka*, *loci* 这样的变体；从而在所有情况下都普遍使用 *c*，除了在辅音组合 *qu* 中。

字母形状 *c*，根源于希腊语的 gamma（Γ），过渡阶段是 <；但是，如我们所见，在早期拉丁语书写中使用位置变体 K 和 Q（后来被代替了）作为软腭清破裂音辅音 /k/ 的符号。这意味着，不再有任何表示浊辅音 /g/ 的独特符号（因此，铭文形式 VIRCO 表示 *uirgo*）。在为拉丁语的实行提供模范的埃特鲁利亚语中，这无关紧要，因为在这种语言中，浊破裂音和清破裂音似乎并不存在

15

重要区别。但在拉丁语中，浊辅音 /g/ 与清辅音 /k/ 相对（譬如 lugere:lucere）；而两个音位之间的区别，最终由引入的符号 G（也许通过为 C 添加一个笔画而构成）来表示浊辅音。[①]然而，旧的拼写法仍保存在 Gaius 的缩写 C. 和 Gnaeus 的缩写 Cn. 中。

qu 这个"单音双字母"（digraph）所表示的音，专门的称谓类型是圆唇软腭音（LABIO-VELAR），也是一种软腭清破裂音（同样还有拉丁语的 c 所表示的音），但同时双唇保持圆形并凸出（如发英语中的 w 这个音时）；表示这种发音的语音符号是 [k^w]。

相当肯定，这不是两个前后相继的辅音，就像英语中的 quick，这里的 qu 表示的发音是 [kw]；就此，我们在语法学家那里可以找到某些证据，他们认为，w 成分是它前面的字母之一部分，或与其混合（confusa）在一起（Pompeius, K. v, 104；Velius Longus, K. vii, 58；cf. Ter. Scaurus, K. vii, 16）。[②]维克多利努斯（Marius Victorinus）的一项陈述，尽管不完全清晰，看起来事实上却将以双唇打开对应双唇凸出（openness versus protrusion），将音 c 或 k 与音 qu 区分开来（†K. vi, 34）。

语法学家的陈述有下述事实支撑：在诗句中，qu 并未如所期待的那样"构成位置长音节"（make position），至少要依情况来确定，如果它表示两个辅音的前后相继，很少有例外；所以，譬如，equi

---

[①] 此项设计传统上归于纪元前 3 世纪的鲁伽（Sp. Carvilius Ruga），但也许可以追溯到纪元前 4 世纪晚期的克劳迪乌斯（Appius Claudius）。

[②] 昆体良明显引 quos（i, 4, 10）作为辅音 u 的例证，很可能是一种误读（参见 Coleman, *CQ*, N.S. XIII [1963], 1）。

的首音节总是轻音节（light）。然而，与此相对的看法有可能争辩说，选择将某些组合视为"构成位置长音节"来对待，是从希腊语借用的（参见页89以下），而且不同于破裂音+流音（plosive + liquid*，如 *tr*，等等），[kw] 组合在希腊语中没有对应发音，希腊语中早就失去了其中的 *w*。

有时候引以为证据来证明 *w* 成分具有共时性的另一事实是，*m* 在 *qu* 前会保持不变，在 *c* 前却要变为 *n*（= [ŋ]；参见页27）；所以，*horum+ce* 变成了 *horunc*，*am+ceps* 变成了 *anceps*，可是，*quam+quam* 仍然是 *quamquam*（与此类似，*quicumque*，*numquam*，*umquam*，如此等等）——这表明，唇音 *w* 成分从 *qu* 音一开口就存在，从而提供了一个适合的条件，以保持前面的唇音 *m*（正譬如在 *quamuis* 中），①尽管塞音（stop*）成分要以软腭来发音。但是，存在可选择的拼写形式 *n*（*quanquam*，等等），②以及 *m* 受到来自 *quam*，*cum* 等的类似影响之可能性（譬如在 *quamdiu* 中，还有在铭文 *quandiu* 中），都削弱了此项证明的有效性。

历史上另有两类论证。首先，值得一提的是，尽管在其他情况下，辅音 *u* [w] 终究变成了一个擦音（fricative*）[v]，这种变化并未影响 *qu* 中的 *u*（所以，意大利语有 *vero*，但也有 *quanto*）；事实上，在纪元后2世纪，朗古斯（Velius Longus）已然注意到有差异（†K. vii, 58）。这样一种发展变化当然可以仅仅归为下述事实：

---

① 亦见于，譬如，铭文 *comualem*（纪元前117年）保持着古老的前缀 *com-*（*con-* 晚起）。

② 老普林尼（Pliny the Elder）喜欢这样用，据普利斯吉安（Priscian）（K. ii, 29）。

在 *qu* 中，*u* 出现在一个以破裂音起首的音节中，这并非辅音 *u* 出现于其中的其他情形（除了 *gu*；参见下文）。① 但正是没有出现其他这样的组合（譬如没有以 *p*、*b*、*t*、*d*+辅音 *u* 起首的音节）的事实，本身可以解释为 *qu*（和 *gu*）具有特殊性的标志。② 这里我们可以进一步引述普利斯吉安（†K. ii, 7）的陈述：*qu* 中的 *u* 成分，当后接一个前元音时，便有了一种特殊的音质，就像希腊语的 *υ*（也就是说，像法语 *huit* 起首的音，与 *oui* 形成对照）——但没有说这适用于独立辅音 *u* 之情形。③

另一种有历史根据的论证与下述事实相关：在几乎所有情况下，拉丁语的 *qu* 都源于一个单一的印欧语系中的圆唇软腭辅音，在其他语言中则由各种单一的辅音来表示；所以，印欧语言中的 $K^w od$ 发音，除了拉丁语的 *quod*，还有梵语的 *kad*，奥斯坎语（Oscan）的 *púd*，英语的 *what*（这里的 *wh* 的发音，要么是 $[h^w]$，要么是单一的 [w]）。尽管如此，此项论证也稍许为下述事实所弱化：在 *equus* 中，*qu* 源于一个印欧语言发音组合 *kw*，这个组合在其他某

---

① 在复合词如 *aduenio*、*subuenio* 中，音节划分落入 *d* 或 *b* 与辅音 *u* 之间，有规律地给予前面的音节以重音量（参见页 89）。
② 已然如此解释的有语法学家庞培（Pompeius）和托名塞尔吉乌斯（Ps.-Sergius）对多纳图斯（Donatus）的注释（K. iv, 367；iv, 476；v, 104），尽管他们的论证被比得（Bede）误解了（K. vii, 228）。
③ 确证这一点的还有古典时期的希腊铭文中的拼写，如以 Κυιντιλιος，Ακυλ(λ)ιος 指 *Quintilius*、*Aquilius*（奥古斯都时期 [Augustus] 或更早期），以 κυι 或 κυ 表示 *qui*，正如相反通常用 κουα、κοα 表示 *qua*。未见以这样的拼写表示单一的 *ui* [wi]；参见埃琴格（Eckinger）《希腊铭文中的拉丁语词汇正词法》(*Die Orthographie lateinischer Wörter in griechischen Inschriften*)。亦参下文页 52。†

1. 辅音

些语言中由一组辅音或双辅音表示（譬如梵语的 *aśvas*，希腊语的 ἵππος）。

各种论证，至少总体而言，明显偏向将 *qu* 发为一个单一的圆唇软腭辅音 [k^w]。这一类辅音在一些语言中司空见惯，譬如如今在高加索、非洲和美洲印第安人的语言中，还有在古代迈锡尼希腊语中（Mycenaean Greek）；它们表明此类发音并不特别困难。另一方面，如果将拉丁语的 *qu* 与英语中一样发音，也不会引起混淆，因为，在拉丁语中没有 [k] 和 [w] 前后相继的其他情形（尽管在上述某些语言中有其他情形，包括迈锡尼希腊语）。在任何情况下，这都是有可能的：这类发音有某种可供选择的方式，实际存在于拉丁语言说的某些变化中。譬如，在卢克莱修（Lucretius）那里有时候出现的 *ăquae* 和 *ăquai* 形式，很有可能要重读首音节；*līquidus* 在某些变格（cases）中的确是如此发音的；① 这种发音方式在纪元后 4 世纪的拉丁语诗歌中变得更为常见。这也许表明，将 *qu* 读成了一个辅音组合 [kw]——就像语法学家奥达克斯（Audax）所认为的卢克莱修的例子（K. vii, 328 f.）；†另一方面，这也许仅仅反映出，方言中开始出现了一种将塞音成分拉长为 [kk] 的倾向——这种倾向在 4 世纪遭到普罗布斯"附录"的谴责（K. iv, 198："是 *aqua* 而非 *acqua*"），尽管按意大利语的 *acqua* 来判断，影响微乎其微。

还有一个更进一步的特点与 *qu* 有关，要探讨这一点需要一定

---

① *aqua*: vi, 552, 868, 1072; *liquidus*: i, 349; iii, 427; iv, 1259。[这里的罗马数字和阿拉伯数字指卢克莱修《物性论》的卷码和行码。——译注]

的预备性解释。在各种条件下，也很可能在不同时代，上古拉丁语的短音 o 变成了古典拉丁语的 u（譬如在纪元前 3 世纪，在末音节中，所以 *primŏs* 变成了 *primus*，如此等等）。尽管如此，这个 ŏ 前面有 u（元音或辅音），或有 qu 或 ngu，这些变化在书写中没有出现，直至共和国末期。直到那时，铭文中展示的形式仍然是 *uolgus*，*auonculus*，*seruos*，*perspicuos*，*equos*，而非 *uulgus*，等等。学者们观点不一：是否以 uo 拼写才代表真实的发音，或是否保留这种拼写，仅仅是为了避免与两个前后相继的 u 符号拼写相混淆，① 后者可能解释为一个单一的长元音②（参见页 64）。后一种解释，也许看上去并非完全具有说服力，但看来的确具有某种正词法基础，而非某种真正的语音学基础；因为，如果在拼写这样的词汇时 o 变为 u 真的发生了，它会同等程度地影响所有变格，而无论语音学的条件如何；所以，这类词汇 *seruŏs*（末音节），*uolgus*（l + 辅音前），*auonculus*（[ŋ] 前），在奥古斯都时期的铭文中都同等程度地开始变成 *seruus*，*uulgus*，*auunculus*，等等。†

旧式拼写不仅见于铭文，也见于某些手稿传承，如普劳图斯（Plautus）和泰伦斯（Terence），甚至见于维吉尔（Vergil）和贺拉

---

① 然而，以 o 拼写当然会引起二次混淆，因为若不标示音长，*seruos* 能作主格单数和宾格复数。

② 参见昆体良（Quintilian i, 4, 10，比较 i, 7, 26）和朗古斯（Velius Longus, K. vii, 58 f.）。但反过来，到了共和国晚期，在单一的 u 会引起混淆的地方，开始写如 uu，譬如 *iuuenis*，*fluuius*，与更早期铭文中的 *iuenta*，*fluio* 等相对，第一个词中的 i 会错误地读如一个元音，而后一个词中的 u 会错误地读如一个辅音（然而，*fluit* 这样的形式不会造成混淆，所以才会继续如此书写）。

斯（Horace）。但是，尽管在古典拉丁语中所有情况下都使用 *uo* 表示后来的 *uu*，在帝国时期肯定读如 *uu*，而且几乎可以肯定还要更早。这当然不适用于 *uŏ* 不可变化的情况，所以，尽管 *uolt* 要读如 *uult*，*uolo* 则按书写来发音。

然而，在上古拉丁语中，*quo* 和 *nguo*（譬如在 *equos, unguont* 中）涉及更进一步的演变；因为，当发生变成 *quu*，*nguu* 的情形时，新的元音 *u* 会导致以异化方式（dissimilatory）失去前面的 *u* 成分，这样，*quu*，*nguu* 就变成了 *cu*，*ngu*。① 语音上的变化，很大程度上被类化拼写模糊了（譬如，*equos* 或 *equus* 这样的拼写继续表示 *ecus*，按照类化，这样的形式作为 *equi* 的复数）；但真正的情形，由偶尔出现在铭文中的带有 *c* 的形式所揭示，而且后来也为语法学家所证实，尽管他们支持类化拼写，但他们清楚，类化拼写并不符合发音。所以，（纪元后 1 世纪）考努图斯（Cornutus）（Cassiodor(i)us, K. vii, 150 f.）指出："*extinguunt* 用了两个 *u*……因为有 *extinguo*，故而有了 *extinguunt*，尽管不可能这样读。"（纪元后 2 世纪）朗古斯（Velius Longus, K. vii, 59）指出："如果书写 *equus* 时用一个 *u*，耳朵的确足以分辨，这就排除了用两个 *u* 的理由。"

这种异化失去 *u* 所导致的一个直接后果，就是将 *ŏ* 变成了 *u*；

---

① 在其他情况下，也很可能同样会出现失去无音 *u* 前的辅音 *u* 的情形，所以，从共和国末期开始，偶尔会出现以 *aeum*, *uius*, *serus* 表示 *aeuum*, *uiuus*, *seruus* 的形式。但在这样的情况下，类似的压力（出自 *serui*，等等）迅速恢复了失去的 *u*，在书写以及有教养的言说中（除了在 *bos* 的属格复数 *boum* 中，这就变成了规范形式）。可是，在某些形式的俗语中，没有辅音 *u* 的形式显然保留了下来（参比普罗布斯"附录"，"*riuus* 而非 *rius*"，还有意大利语的 *rio*）。

所以，在古典拉丁语中，在任何地方见到 quu 或 nguu（或 quo, nguo，按照更古老的拼写），很可能它们所表示的发音就是 cu, ngu。因此，很可能 equus 或 equos 读如 ecus, quum 或 quom 读如 cum, sequuntur 或 sequontur 读如 secuntur, unguunt 或 unguont 读如 ungunt，如此等等。但毫无疑问，equus 这类单词有类化发音，也有类化拼写，而这种发音也因此很可能可以容许。①

当然，对于像 quod, sequor 这样的词汇不会出现疑难，这种情况下，o 从来不会变成 u，因此总是按书写形式发音。②

（ii）浊 * 破裂音

拉丁语中的浊破裂音有四种变化，与清破裂音系列相对应，分别由 b, d, g, gu 表示。如我们在讨论 t/d 这一对音时所见（页13），语法学家未能发现"浊音"的本质；所以，d 与 t 的区分被认为在于 d 表示一个纯粹的齿音。也许真实情况的确是 d 发齿音，但

---

① 还有一种可能性：在一个元音 u 前，c 和 g 在任何情况下都读如 [k^w], [g^w]，自动带有一个 w 成分。在此情况下，与其说这是异化，不如说这是"中立化"（neutralization），也就是说，不关注 cu/ngu 与 quu/nguu 的差异。

② quoque（意为"也"）的发音，有时候会成为问题。昆体良报告说，就像一个品味低劣的双关语，西塞罗对一位父亲是厨师的参选人说"我也会支持你（Ego quoque tibi fauebo）"（vi, 3, 47），似乎表明 quoque 读如 coque（同样见于 Anthol. 199, 96）。从词源学上看，这种形式是有可能的（比较 cottidie），但没有其他证明，而其他解释也是有可能的。[西塞罗话中的 quoque 与 coquos 意为名词"厨师"或 coquo 意为动词"做饭"谐音双关。——译注]

我们既不能稳靠语法学家对其所作的陈述,也不能稳靠他们将 t 作为一个齿龈音的描述。b 与 p,还有 g 与 c,它们之间的区别不能按照肌肉张力的不同来解释,后者通常是对浊音之区分的补充(†譬如,Marius Victorinus,K. vi,33)。但在某些情况下,这位著作家明显失于解释区分的性质——所以,卡佩拉(Martianus Capella 3,261)指出:"B,我们称其打开唇以气冲击发音……P,以唇破裂送气发音"(*B labris per spiritus impetum reclusis edicamus...P labris spiritus erumpit*)。

b,d 和 g,又与英语的 b,d 和"硬音"g 所表示的浊音有密切关联。

然而,在某些情况下用 b 而非 p 表示清破裂音——也就是说,某些特殊条件下,在清辅音 t 和 s 前。这样的用法,是当清辅音出现在某个介词或名词词干(noun-stem)末尾时出现,其他情况下,是当词尾是浊音 b 时。所以,譬如在 *obtineo*, *obsideo*, *subsideo*, *absoluo*, *trabs*, *urbs*, *plebs*, *caelebs* 中,b 事实上部分吸收进了随后的 t 或 s,变成了清辅音[p];但仍然写成 b,类化如 *obeo*, *urbis* 等这样的形式(同样,介词 *abs*,它的写法是用 b 而非 p,是由于它有替换形式 *ab*);在铭文中,甚至偶尔可见 *scribtura* 这样的形式(用 b,根据 *scribo*)。

按照一般的语音学根据,极有可能 b 在 t 或 s 前表示[p]这个音。此外,昆体良(i,7,7)和其他语法学家明确指出了这一点,还有所有时期的铭文中的拼写用 p,也清楚表明了这一点(譬如 *pleps*, *opsides*, *apsoluere*, *suptilissima*, *optinebit*)。拼写与言说之间的不同，昆体良有清晰总结，"*b* 是规则要求的字母，耳朵却听成了 *p*"（*b* litteram ratio poscit, aures magis audiunt *p*）；关于 *abs* 这种拼写，朗古斯评论说（K. vii, 62），"反思词语的真正起源的人，书写都会用 *b*"（qui originem uerborum propriam respiciunt, per *b* scribunt）。

同样的思考适用于 *bf*（*obfero*，等等），*bm*（*submoueo*，等等），*bg*（*obgero*，等等），*bc*（*subcingo*，等等），还有 *br* 与介词 *sub* 连用时（*subripio*，等等），尽管在这些情况下 *b* 被完全吸收，产生了一种发音 *offero*, *summoueo*, *oggero*, *succingo*, *surripio*，如此等等。

同样，使用 *d* 的类化拼写也见于介词 *ad*。相当确定的是，在大多数情况下，言说中 *d* 完全吸收进了紧随其后的辅音（除了 *h*, *i*, *u* 或 *m*）；†所以，*adsequor*, *adtineo*, *adripio*, *adfui*, *adpono*, *adgredior*, *adcurro* 这类拼写，很可能读如 *assequor*, *attineo*, *arripio*, *affui*, *appono*, *aggredior*, *accurro*，如此等等。除了存在后一类拼写，还有 *adsequor* 等类化拼写，可以引普劳图斯的双关语为例（《小布匿人》[*Po.* 279]）：

M. Assum apud te eccum.
A. At ego elixus sis uolo.

弥尔佩奥：我在你身边呀，你看。

阿戈拉斯托克勒斯：我真想把你煮了。

名堂在 *assum*（*ad-sum*）意为"我在跟前"和 *assum* 意为"烤了"上。卢基里乌斯（Lucilius 375 Marx）提出了这类拼写问题，

1. 辅音

尽管他弃之为无关紧要：

...accurrere scribas

d-ne an *c* non est quod quaeras....

……你可以写成 accurrere

用 *d* 还是用 *c*，这不是你要探究的……

朗古斯（对这段引文）的注解是，"此人的确对书写没有兴趣；但若探究声音，兴趣在于听觉，就应写成 *c* 而非 *d*"（ille quidem non putauit interesse scripturae；sed si sonus consulitur, interest aurium ut *c* potius quam *d* scribatur）。

然而，在拼写为 *dl* 的情况下（譬如 *adloqui*），同一位语法学家则不容许这样发音，但赞成同化为 *alloqui*。事实上并不确定，在有教养的言说中，在何种程度上，类化拼写也会反映在发音中。几乎可以肯定，如果发生这样的情形，在一个紧接其后的清音前，*b* 或 *d* 清音化为 [p] 或 [t]——所以，类化发音事实上属于 *opfero*, *supcingo*, *atsequor*, *atfui*, *atpono*, *atcurro* 这种类型，而非 *obfero*, 等等。

g 如音 *c* 之情形，*g* 这个音从不含有一种"软音"式发音。证据可以对比音 *c* 之情形（譬如，希腊语的 Γελλιος=*Gellius*；引 *ingerunt* 作为软腭鼻音的一个例子），没有证据表明在 *e* 和 *i* 之前有任何变化，直至大约纪元后 500 年。然而，就像音 *c* 那样，根据紧随其后的元音，很可能发生某种轻微变化（如英语中的 *gear*, *guard*, *gourd*）；*gelu* 没有变成 *golu*，这一事实也许表明，在 *e* 前发

23

音会前移（参见页 15）。

然而，在某种特殊情况下，g 似乎具有一种显著不同的价值。在齿鼻音（dental nasal*）n 前（譬如 agnus，dignus，regnum），它很可能表示一个软腭鼻音 [ŋ]，如英语 hang 中 ng 或 bank 中 n 的发音，所以，gn 在如 agnus 这样的单词中，发音就像英语单词 hangnail 中的 ngn。

这符合拉丁语中普遍存在的将破裂音鼻音化的倾向（注意，譬如，拉丁语的 somnus = 梵语的 svapnas，在拉丁语中 n 前的 p 变成了 m）。①铭文中的拼写，诸如 ingnes，ingnominiae 表示 ignes，ignominiae，也表明了这一点。这可以进一步解释，为什么在 ignosco (= in+gnosco) 或 cognatus (= con+gnatus) 中会出现失去一个 n 的情形。因为，(a) 在软腭音前，我们从语法学家处得知，n 代表一个软腭音 [ŋ]（参见页 27）；(b) 如果 gn 事实上代表 [ŋn]，那么 con+gnatus 组合理论上就含有 [koŋŋnātus] 这个发音。但在另一个辅音前，双重 [ŋŋ] 就会简化为 [ŋ]，从而产生 [koŋnātus]（**注意**铭文中的 congnatus）；这样一种发音可以用拼写 cognatus 来表示。

更进一步的证据出自 dignus，lignum，ilignus 类型的词汇。这些词汇源出于 decet，lego，ilex，它们都有一个短元音，这对于解释由 ĕ 向 ĭ 的转变是必要的。现在，这样一种转变的确合乎规律地发生在 [ŋ] 这个音前面；譬如，除了希腊语的 τέγγω [teŋgō]，同

---

① 参比铭文中以 amnegauerit 表示 abnegauerit。

源的拉丁语动词是 *tinguo*；可是，*con+scando* 变成了 *conscendo*，*con+tango* 变成了 *contingo*（与此相类，在中世纪英语中，也有从 [e] 向 [i] 的转变，在像 *England* 这样的词汇中）。因此，在 *dignus* 等词汇中元音的转变就得到了解释，如果 g 在此具有 [ŋ] 的音质。在像 *regnum*, *segnis* 这些词汇中缺乏任何这种转变，是由于事实上这里的元音是长元音（分别参比拉丁语的 *rex* 和希腊语的 ἦκα），所以不受这种变化的影响。

不具首要价值，却有证实证据之功用，这就是普劳图斯（《渔夫的绳索》[*Ru.* 767]）中 *ignem magnum* 与 *inhumanum* 之间，还有西塞罗（《共和国》[*Rep.* iv, 6]）的 *ignominia* 与 *in nomine* 之间的文字游戏——两例至少都显示，g 具有一种鼻音音质。

尽管如此，棘手的事实仍然存在：对大多数罗曼语中的演变的更好解释，是采信规范发音 [g]，而非 *gn* 组合中鼻音音质的 g。所以，*lignum* 的演变方式与 *nigrum* 完全一样，譬如在古法语 *lein/neir*，恩伽丁方言（Engadine）*lain/nair*，南意大利方言 *liunu/niuru* 中（在各种情况下，辅音前的 g 都变成了 *i* 或 *u*）。但有一个重要的例外，这就是守旧的撒丁语（Sardinian）使用的词语，譬如 *linna*, *mannu*, *konnadu*，源于拉丁语的 *ligna*, *magnum*, *cognatum*（参比拉丁语铭文 *sinnu* 表示 *signum*）。

语法学家们也奇怪地对 g 的任何鼻音化发音保持沉默，首先是毛鲁斯（Terentianus Maurus），他似乎暗示在人名 *Gnaeus* 中 g 具有规范的 [g] 音质，当提到以 *Gn.* 来拼写这个人名时，他说：

g tamen sonabit illic quando *Gnaeum* enuntio (K. vi，351).

当我读出 *Gnaeum* 时，发出的音仍然是 *g*。

但事实上，在这一时期，词首 *G* 的任何发音必定是人为的（artificial）；如瓦罗已然注意到（fr. 330 Funaioli），"那些在首名中使用 *G* 这个字母的人，看来是在追随古风"（qui *G* littera in hoc praenomine utuntur, antiquitatem sequi uidentur）。瓦罗还提请注意 *Naeum* 这个拼写（而 Ναιος 在希腊语中司空见惯）。†

关于 *gn* 发音的证据存在明显矛盾，就此布克（C. D. Buck）提出了一个解决办法，他的建议是，*g* 发为鼻音 [ŋ]，事实上是规范的演变，但随后引入一种"拼写发音"（spelling pronunciation），首先流行于有教养的圈子，然后变得更为广泛，由此 *g* 获得了其更为普通的 [g] 音质。要说出这种转变是在哪个时期发生的，那是不可能的，但撒丁语显示，转变发生得很晚，而且在古典时期，鼻音化发音仍然更有可能。尽管如此，必须强调，在拉丁语的任何时期，都没有 *gn* 读如一个"腭音"[ñ] 的情形，现代意大利语或法语就是这样发音的，说这些语言的人的民族化的拉丁语发音也是如此。

关于拉丁语的 *gn* 在英格兰的发音，见"附录 B"末尾部分。

普遍认为，*g* 在 *m* 前不采用鼻音化发音，如 *tegmen*, *segmentum*，因为从 *e* 到 *i* 的转变没有出现在这些词汇中。尽管如此，因为原初的 *gm* 似乎变成了 *mm*（譬如 *flamma* 源于 *flag-ma*，比较 *flagro*），所有 *gm* 的例证也许都是后起的，譬如，通过中音省略（syncope），在 *ĕ* 向 *ĭ* 的转变发生以后（比较未发生中音省略的形式 *tegimen*, *integumentum*）。因此，*g* 发音为 [ŋ] 的可能性在此并未完全排除——尽管也不能稳妥建议采用这种发音。

gu 以其与 *qu* 写法上的对应关系，我们或许期待，拉丁语的 *gu*（带有一个辅音 *u*）表示一个单一的圆唇软腭辅音［g^w］，而非顺序发音［gw］。尽管如此，要证明这一点并不容易，因为语法学家未特别讨论过这个问题，这个组合音只出现在 *n* 之后（如在 *lingua* 中），前一个音节在任何情况下都是重音节，所以也不可能提供线索。尽管如此，有鉴于拉丁语中的破裂音都是清音和浊音成对出现这一事实（*p/b*，等等），可以期待清音［k^w］有一个与其配对的浊音［g^w］；事实上已经引述过的普利斯吉安的一句话（上文页 17）间接表明了这种对应关系。因为，在谈及后接一个前元音的 *qu* 中的 *u* 成分的特殊性质之后，他进而特别指出这一点同样适用于 *gu* 中的 *u* 成分。

（iii）送气音 *

单音双字母（digraphs）*ph*，*th*，*ch* 代表送气破裂音——分别与 *pot*，*top*，*cot* 起首的音不同（参见页 12）。它们在正词法系统中占据特殊位置，因为它们未见于最早期铭文，大约在纪元前 2 世纪中叶才出现。然后，它们开始被使用，并变成了标准，首先用于转写包含送气破裂音的希腊语人名和借用词（φ, θ, χ），譬如 *Philippus*，*philtrum*，*Corinthus*，*cithara*，*thesaurus*，*Achaea*，*bacchanal*，*machina*，*chorus*；在这些情况下，很可能有教养的罗马演说家事实上大致重现了希腊语送气音。† 此前，希腊语送气音在拉丁语中简单转写为 p, t, c（譬如铭文 Pilemo, Corinto, Antioco），这在早期希腊语借用词中仍然是规范拼写（譬如, purpura=πορφύρα, tus=θύος, calx=χάλιξ）。但随后（事实上按铭文证据，始于纪元前 2 世纪末）送气音出现在许多原生拉丁语词汇中（而借用词不带有原初的送气音），譬如见于 pulcher, lachrima, sepulchrum, bracchium, triumphus, Gracchus（以及地名 Carthago），较不普遍见于 lurcho, anchora, Orchus, 偶尔也见于铭文形式 chorona, centhurio, praecho, archa, trichlinium, exerchitator, fulchra, Olymphi, Volchanus, Marchus, Calphurnius——还要注意希腊语拼写 Σολφικιος（从纪元后 1 世纪早期开始），以及 Πο(υ)λχερ（首次出现于纪元前 1 世纪中叶，后来频繁出现）。

我们从西塞罗的陈述中可知（Or. 160），在他的时代，这类词汇在发音上的转变正在发生，他自己也开始接受 pulcher, triumphus, Carthago 这样的拼写，尽管拒斥 sepulchrum, chorona, lachrima, Orchiuius 这样的拼写。语法学家大有异议（譬如, †Mar. Vict., K. vi, 21；Ter. Scaurus, K. vii, 20），并且很容易将送气音弃之不用，斥之为仅仅是对希腊语言说习惯的合乎时尚的误用。这样的倾向的确存在，我们由卡图鲁斯（Catullus）关于阿里乌斯（Arrius）的诗歌可以知晓，后者将 commoda 读如 chommoda，如此等等。但值得一提的是，在几乎所有可以证实的案例中，送气音都出现在一个"流音"辅音（r 或 l）的附近。① 因此，更有可能，送

---

① 对拉丁语和其他某些语言历史上也有同样影响的情况的更为专业的讨论，参见《语言学档案》（Archivum Linguisticum, x [1958], 110 ff.）。

气音代表拉丁语自身当中的一种特殊却自然的关乎环境的演变，①在不同地区和社会阶层中也可能发生变化。如果单音双字母的引入，首先并非表示希腊语送气音，那么，拉丁语在书写中就没有必要标明 pulc(h)er 等词汇当中的送气音，因为，它仅仅是常规清塞音（voiceless stops）的一种自然而然的变体（正如我们在英语中无须标明单词起首的清塞音的送气音）。然而，一旦单音双字母引入，就是为了更准确地表示出自希腊语的借用语的发音，那么，在拉丁语中也要将它们用于书写就非常自然。

这些讨论的实际后果如下：拉丁语字母 p，t，c，若采用一种英语式发音，尽管并非不可容忍，但肯定送气程度要强于拉丁语。因此，需要某种特殊的努力来发 ph，th，ch 这些送气音，如果它们的发音不同于 p，t，c。或许还应强调，没有正当理由将送气音发为擦音（fricatives*）——也就是说，如在 photo，thick，loch 中那样；应当承认，这就是 φ，θ，χ 在晚期希腊语中的音质，古典希腊语时代还没有演化出这种发音。

（iv）鼻音 *

n 这个音最常见的用法就是代表一个齿（或齿龈）鼻音 [n]，与英语 net 或 tent 中的 n 一样，譬如在 nego，bonus，ante，inde 中。

尽管如此，在一个软腭音或一个圆唇软腭音前（如在 uncus，

---

① 某些专名譬如 Cethegus，Otho，Matho 中的送气音，也许源于埃特鲁利亚语（西塞罗接受的首先是这些词汇中的送气音）。

ingens，relinquo，lingua 中），n 代表一个软腭鼻音［ŋ］（如在英语 uncle 或 anger 中）。与以此方式发生了同化的普遍期待相去甚远，在古代铭文中有明确证据，最早可以追溯到阿克奇乌斯（Accius，纪元前 2 世纪），他希望遵循希腊语惯例，譬如以 aggulus，agcora 表示 angulus，ancora（†瓦罗，见普利斯吉安，K. ii，30）。① 在纪元前 1 世纪，费古鲁斯（Nigidius Figulus）并非不恰当地将这个音描述为 "n 与 g 之间的过渡音"（†Gellius，xix，14，7）。

上述［ŋ］这个音几乎肯定会出现，如果介词 in 后跟一个以软腭音或圆唇软腭音开头的词（譬如 in causa）。同样，若后跟一个唇音（p，b，m），它的发音是 m，如铭文 im pace，im balneum，im muro 所展示的那样。

在 consul 这样的单词中，若 n 后接擦音 s，按常规发音肯定不会错；但其他发音甚至在古典时代有教养的人们之间也十分流行。在非常早期的阶段，n 在这样的条件下会失去其辅音音质（很多语言中的常见的一种演变），并且会被前面元音简单的鼻音化所取代，同时会延长音值以补偿辅音的失去。所以，consol，cersor 变成了

---

① †按照一种广为接受的音位理论，［ŋ］必须视为一个与［n］分离的音位，因为这两个音相对出现在 annus/agnus 中（参见页 23）。但也能看到，譬如在 ancora 中，［ŋ］是 /n/ 的音位变体；在 agnus 中，它又是 /g/ 的音位变体。这样的解释反映在拉丁语正词法中；尽管如此（譬如在 ἄγγος，ἄγκυρα 中），希腊语惯例将软腭音前的［g］与这样的［ŋ］等而同之：它出现在鼻音前，譬如在 πρᾶγμα 中，在此可以解释为 /g/ 的音位变体——因此，两种情况下都用 γ 来拼写。希腊语惯例的模糊，仅在 ἔγγονος 中，在此第一个 γ 事实上含有音质［g］，毫无疑问，正因为如此，一般写为 ἔκγονος。在拉丁语中，这种做法，如阿克奇乌斯所主张的那样，会因为 agger 这样的词汇的存在而造成歧义。

cõsol，cẽsor。结果，在最早期的铭文中，常常可见 cosol（由此有古语缩写 cos.），cesor，cosentiont 等这类拼写，[①] 也共同使用 n 的拼写。在通常的言说中，鼻音化最终消失了，我们也获知，连西塞罗在这样的单词发音时也不用 n，譬如 forēsia, Megalēsia, hortēsia（Velius Longus，K. vii，79）。在通俗拉丁语中，n 完全消失了，因为，在罗曼语诸语言的任何衍生词中，都没有其存在的迹象（譬如，意大利语 mese, sposa 源于 mē(n)sis, spō(n)sa）。†

但是，在正式的正词法中，n 得以保留或恢复，这对古典时期最有教养的言说产生了影响。尽管如此，很有可能只有少数演说家一以贯之，他们的前后不一为后世语法学家提供了大显身手的领域。譬如在卡佩尔（Caper，K. vii，95）那里，我们可见完全人为的规则："所有数副词的书写都不用 n，如 milies, centies, decies；quotiens, totiens 则要用 n（omnia adverbia numeri sine n scribenda sunt, ut milies, centies, decies；quotiens, totiens per n scribenda sunt）。"这让人想起了英语中关于 shall 和 will 的使用"规则"（尽管它们在 7 世纪和 8 世纪早期之间由语法学家确定下来了，实际使用仍然不稳定——事实上，甚至在书面英语中，第一人称使用 will，大概要两倍于使用 shall）。唯一安全的规则，对于现代读者而言，就是将 ns 全部读如 n，无论书写情况如何。

同样的考量，也适用于 n 后紧随另一个拉丁语擦音 f 的情形，因此，铭文形式诸如 cofeci, iferos 指 confeci, inferos。尽管古典

---

① 亦请注意希腊语的转写，诸如 Ὀρτησιος，Κλημης，Κησορινος 转写为 Hortensius, Clemens, Censorinus。

拉丁语的形式要恢复 n，这里的 n 很可能并不代表一个齿鼻音或齿龈鼻音，而代表一个**唇齿音**（labio-dental*），由下唇和上齿接触而形成，发音方式与随后的 f 一样。这一类发音，对于讲英语的人而言司空见惯，如像在 comfort, information 这样的词中。拉丁语中，在共和国时期的铭文中，n 和 m 之间在这种情况下发生的变异（譬如 infimo, infectei, confice, 除了 eimferis, comfluont, 甚至还有 im fronte），清楚地指向这样一种发音；尽管用 n 的拼写法后来普遍化了，齿唇发音很可能仍在继续。

任何位置上，在 s 或 f 前都要发鼻音辅音，这可能会被认为是一种多少出于人为的恢复，而非一种自然的保留。因为，如已论及的那样，当 n 失去时，会造成对前面的元音的延长；但古典拉丁语带有 n 的发音，也包含一个长元音（证据见页 65），这表明 n 必定是一开始失去了，随后又得到恢复。因此，在如 consul 这样的单词中，演变的情形是这样的：古体是 cŏnsol，早期拉丁语是 cõsol，古典拉丁语口语是 cōsul，古典拉丁语文献是 cōnsul。

如所料想的那样，通俗言说与正式书写之间在这一点上的区别，造成偶然在书写中引入 n，事实上却从不发音的情形，譬如 thensaurus（＝希腊语 θησαυρός），occansio, Herculens，所有这些例子都被语法学家判为不合规则。这样的拼写，当然会反过来导致基于它们的特定发音。

m 在词首和词中间，由 m 所表示的音不会造成难题。它代表一个双唇鼻音，譬如，就像在英语 mat 或 camp 中那样。尽管如此，当它出现在单词末尾时，却有几点需要注意。通常，它会缩减为（如 *n* 在内部擦音前那样）仅仅将前面的元音鼻音化——按照语法学家不确切的术语，它"差不多是一个无关紧要的字母（foreign letter）"（†Velius Longus, K. vii, 54），或"在说话末尾发模糊音"（obscurum in extremitate dictionum sonat [Priscian, K. ii, 29]）；在早期铭文中，常常可见末尾的 *m* 省略了，譬如在 3 世纪斯基皮奥（L. Corn. Scipio）的墓志铭中：

hone oino ploirume cosentiont...
duonoro optumo fuise uiro
(= hunc unum plurimi consentiunt...
bonorum optimum fuisse uirum）
这个人，大多数人都同意……
他是好人中最好的人。

2 世纪期间，正式拼写认定要写出末尾的 *m*；但省略 *m* 的形式仍偶然可见。

元音延长和元音鼻音化一样，都由下述事实得以显明：这种末音节，若紧跟一个词的开头是辅音，就算重音节——所以，譬如，*Ītaliam fātō = Ītaliā fātō*。这种延音，或许也在老卡图（Cato the Elder）将 *diem* 写成 *diee* 上可见一斑（Quintilian, ix, 4, 39）。①

词末 m 的非辅音性质也由下述事实得以表明：如此结尾的音节，在诗歌中也以同样的方式省略了，就像它们是以一个元音结尾

---

① 尽管如此，也有人提出，卡图这里的第二个 E，也许是 M 的侧写。

的音节（也有例外：譬如恩尼乌斯的 milia militum octo ［八千士兵］；比较页 81，注释 3）；由此可以得出结论，它们仅以一个鼻音化的元音结尾。就处在这个位置上的 m，当紧跟一个词首元音时，据说弗拉库斯（Verrius Flaccus）偏爱只写半个 m（half-m）(Λ)（Velius Longus, K. vii, 80）；昆体良（†ix, 4, 40）对它的描述是几乎不发音；而后来的语法学家说它完全省略了（譬如，†Velius Longus, K. vii, 54）。如果省音涉及完全失去末尾的元音（比较页 78），鼻音化和非鼻音化之间的区分，在此语境中当然纯粹是一个学术问题。

同样处理末音 m 的方式也见于"词首省略"的情形，在这种情况下，铭文总是省略它（譬如 scriptust 表示 scriptum est）。

有意思的是，选择元音 +m 省音，对长元音或双元音都一样①——更进一步的标志是，元音事实上不仅鼻音化了，还延长了。②

尽管如此，当末尾的 m 后接一个密切关联的单词以一个浊（破裂音或鼻音）辅音开头时，似乎就要像在一个单词中间那样来对待，吸收进后接的辅音中（这种情况下，自然不会延长前面的元音）。所以，我们在铭文中见到 tan durum 表示 tam durum（还有，譬如在 tam grauis 中，我们亦可主张以类似方式将其吸收进后接的

---

① 所以，在维吉尔《埃涅阿斯纪》中（Aen. i），省略末尾短元音情况合计：(a) 在一个重音节前有 132 处，(b) 在一个轻音节前有 39 处；相应末尾长元音和双元音数目 (a) 有 81 处，(b) 有 5 处；音节以 m 结尾的，(a) 有 90 处，(b) 有 7 处。就所有六音步诗（hexameters）而言，从恩尼乌斯到奥维德（Ovid），在轻音节前省略的情形，在短元音前合计有 3947 处，在长元音和双元音前有 416 处，另有 514 处保留了末尾的 m。

② 末尾 m 前的元音，从来都不是固有的长元音，因为，任何这样的长元音在早期拉丁语中都缩短了（参见页 74）。

软腭音中，以［ŋ］代表 m）；朗古斯指出，在 etiam nunc 中，"以 n 发音要比以 m 发音更饱满"（plenius per n quam per m enuntiatur）；而西塞罗在指出使用不当的**双关语**（doubles entendres）时，提到了 cum nobis 这样的短语（Or., 154；Fam., ix, 22, 2）。

（v）流音

这个名称，通常是给予拉丁语的 r 和 l 这两个音的（而且的确普遍如此）。这个名称转用了拉丁语 liquidus，最终源于希腊语 ὑγρός，意为"流动的"；这个相当特殊的术语被希腊语法学家用来指辅音 r, l, n 和 m，所涉及的事实是，如果它们后接一个破裂音（譬如 tr），就有可能使前面包含一个短元音的音节的音量"难以确定"（doubtful）——如在希腊语 πατρός，拉丁语 patris，如此等等中。尽管如此，在拉丁语中，这一点不适用于 n 和 m，所以拉丁语中的"流音"这个术语具有更为严格的含义。

r 对于讲标准南方英语的人，这个音容易引起某种困难，因为在这种言说方式中，r 音只出现在元音前；不然就会失去这个音，作为补偿会延长它前面的元音，以强调这个元音所在的音节——所以，譬如，harbour bar 读如［hābə bā］。如果将这些惯例沿用于拉丁语，会导致无法区分譬如 parcis 与 pācis（两者都读如［pākis］）。在拉丁语中，书写中出现的任何一个 r 字母都要发音，且不延长它前面的元音——这个惯例对讲苏格兰语（Scottish）和其他很多方言的人，不会造成多大困难。

尽管如此，拉丁语 r 音的确切音质仍然需要考察——英语方言包括如此广泛的变体，如卷舌音（retroflex）或收缩音（retracted）（在西部农村、爱尔兰［Ireland］和美国），小舌音（uvular）（在诺森伯兰［Northumberland］和达勒姆［Durham］），接触音（tapped）和擦音（在南部）。有证据表明，拉丁语的 r 发舌尖"颤音"（trilled）或"卷舌音"（rolled）这类发音，常见于苏格兰和英格兰北部有些地区。除了早期将这个音不准确地描述为像是狗的咆哮声（譬如，†Lucilius, 377 f. Marx），我们还可以清楚查知，在后来的语法学家那里，这个音具有颤抖音质。用毛鲁斯的话说（K. vi, 332），"以颤抖的节奏搏动发出干燥的音"（uibrat tremulis ictibus aridum sonorem），类似的还有 †Mar. Vict., K. vi, 34。

的确，早期的发音也许与此不同。拉丁语的 s 处在元音之间时，经［z］变成了 r（譬如，*dirimo* 出自 *dis-emo*，*gero* 与 *gestus* 关系密切），这显示 r 具有擦音音质（如南方英语 *draw* 的发音）；而在上古拉丁语铭文中，有 d 变为 r 的情形，如 *aruorsum* 表示 *aduorsum*，等等，这显示它发"接触音"①（也就是说，一个单一的触动，与颤音的连续触动相对）。前一种变化最迟出现在 4 世纪中叶（参见页 35），后一种变化最迟出现在 2 世纪。在古代时期之前，没有理由认为这个音会强化为后来的著作家所描述的颤音（trill）。

通常，r 都会吸收进一个后接的 l（譬如，*intellego* 出自 *inter-*

---

① 同样，在标准拼写 *meridies* 表示 *medi-dies* 中也是如此。

1. 辅音

lego）；r 音有时候会恢复，如在 perlego 中——但据朗古斯（K. vii, 65），就 per 之情形，"语气更为优雅"（elegantioris sermonis）的标志就是发音为 pellego，如此等等。

在纪元前 1 世纪期间，引入 rh-，-rrh- 以转写希腊语的 ῥ-，-ῤῥ-，表示清辅音［r］，分别是单辅音和双辅音——譬如 Rhegium, Pyrrhus。是否讲拉丁语的人从前就是这样发音的，值得怀疑，而且有些地方拼写为 rh 也是错误的（在 Rhenus 中变成了合乎规则的写法，其实这个词源于凯尔特语 rēnos）。

l 这个音也代表一个舌尖（齿或齿龈）音，但也带有边音（lateral*），这在英语和其他语言中是典型的 l 音的发音。其实，在古典时期，它的发音尤其像英语中 l 的发音。

在英语中，这个音有两个主要变种——一个是所谓"明音"（clear）l，出现在元音前（譬如在 look, silly 中）；另一个是"暗音"（dark），出现在其他地方（在 field 中，出现在一个辅音前，在 hill 中出现在词尾，就是这个变种）。"暗音" l 涉及舌后部的抬升（除了前部的接触），而"明音" l 不涉及这种抬升。这种发音上的不同引起了不同的听觉印象，"暗音" l 有一种内在的共鸣，就像在一个后元音中那样（u, o），而"明音" l 的听觉印象则像在一个前元音中那样（i, e）。

相同的情况明显普遍存在于拉丁语中。语法学家的陈述不十分确切，但老普林尼对这一问题的观察（†Priscian, K. ii, 29）包括提到它在单词词尾（如在 sol 中）的特殊发音，还有在音节末尾，也就是说，在另一个辅音前（如在 silua 中）。普林尼用"满音"（plenus）这个术语来描述这种特殊的音质，后来有一位语法学家（康森提乌斯［Consentius］）提出的与此对应的术语是"丰音"（pinguis）；在两位著作家看来，它与其他条件下的一种"贫音"（exilis）音质相对。① 这样，在其他地方，"满音"和"丰音"这两个术语用于指后元音的音质，与之相对的"贫音"用于指前元音（参比 Velius Longus, K. vii, 49 f.）；从而很清楚，l 所具有的特殊音质，与同样情况下英语 l 所具有的是相同的"暗音"音质。

这也符合古拉丁语中某些与 l 有关的元音音质的转变。因为，在辅音前和词尾的 l 中，我们发现了一种从前元音向后元音的转变——所以，uelim（带有"明音"l）保持不变，而原初的 ueltis 变成了 uoltis（后来变成了 uultis），这是受从属于"暗音"l 的后元音共鸣的影响。② 在这一时期，如 uolo 源于 uelo，或如 famulus 密切关联 familia，由此判断，"暗音"l 在元音前而非前元音前也十分普遍。但后一种倾向似乎到古典时期前就终结了。

所以，我们能够较为准确地重建拉丁语 l 的不同发音——得出的结论仅仅是，发音规则基本与现代英语一样。因此，在这种情况下，遵循英语的言说惯例完全恰当，l 的发音，在 facul 中就像在 pull 中一样，在 facultas 中就像在 consultant 中一样，在 facilis 中就

---

① 根据普林尼，后一种音质特别适用于两个 l 中的第二个（如在 ille 中）。

② 在晚期拉丁语中，"暗音"l 事实上在某些地方为元音 u 所代替，譬如，Aubia=Albia。这种演变也发生在某些罗曼语中，譬如法语 autre 指 alterum，比较伦敦方言（Cockney）中［miwk］指 milk，等等。

像在 *penniless* 中一样。

(vi) 擦音 *

f 英语中的 *f* 代表一个唇齿音（labio-dental*），由上齿和下唇构成，有清楚证据表明，这同样适用于古典拉丁语；建议如此发音的是昆体良（†xii，10，29），而更为清楚地指出这种发音的是后来的语法学家（Mar. Vict.，K. vi，34："*F* 这个字母的发音，是用上齿压住下唇……缓缓呼气"［*F litteram imum labrum superis imprimentes dentibus...leni spiramine proferemus* ］）。

有些情况显示，在早期拉丁语中，甚至到共和国晚期，它发作一个**双唇音**（*bilabial*），也就是说，用双唇发音，不涉及齿；而且，铭文不时可见 *im fronte*, *comfluont* 这样的拼写，可援引支持这一点，因为其中有一个双唇音 *m* 而非 *n*。尽管这样的例子更为常见，证据也不足以作出定论；因为，它前面的鼻音完全可以发唇齿音（参见页29），从而，按照规范用一个双唇音 *m* 还是用带有齿音的 *n* 符号来表示，纯粹是一个正词法约定。

s 这个音在拉丁语中表示一个清齿龈擦音（"齿擦音"［*sibilant*］），类似于英语 *sing* 中的 *s* 或 *lesson* 中的 *ss*。从语法学家的陈述清楚可知，这个音指向一个嘶音（hissing sound），通过压缩齿后形成（譬如，Ter. Maurus，K. vi，332；Mar. Vict.，K. vi，34）。但最重要的是指出，不像英语中的 *s*，拉丁语中这个音在所有位置上都表示一个清辅音；它在两个元音之间或在词尾不浊化，就像在英语 *roses* 中那样（按照发音是 [rouziz]）。所以，拉丁语 *causae* 要读如英语的 *cow-sigh*，绝非（NOT）*cow's eye*。罗曼语中公认存在将元音间的 *s* 浊化的取向，但这些取向都是后起的。

在极早期阶段，元音间的 *s* 普遍演变成了浊辅音 [z]，但这个音在拉丁语中未得到保持，变成了 *r*（参见拉丁语属格复数 -*ārum*，密切关联梵语的 -*āsām* 和奥斯坎语的 -*azum*）。西塞罗有助于确定这种转变的时期，他告诉我们（*Fam.* ix, 21, 2），克拉苏（L. Papirius Crassus），纪元前 338 年的监察官（censor），是其家族中第一个将姓氏由 Papisius 变成 Papirius 的人。事实上，在所有但不多的情况下，拉丁语元音间的 *s* 要么源于一个更早期的 *ss*，后来在长元音和双元音后简化了①（譬如 *causa*, *cāsus* 源于更早期的 *caussa*, *cāssus*），要么源于一个本来就有的 *s*（譬如 *positus* 源于 *po-situs*）；几个例证如 *miser*, *casa*, *rosa*, *asinus*, *pausa*，有其他不同来源和解释。

元音间的拉丁语 *s* 具有清音音质的一个进一步指示见于希腊语转写，一成不变地使用 σ，从不使用 ζ（在罗马时期有 [z] 音质），譬如 Καισαρ；同样的情形，迟至纪元后 4 世纪，哥特语（Gothic）借用的 *kaisar* 也有展示。

古典拉丁语中的 *ss* 当然也要发清音，而且发两次（参见页

---

① 除了在缩合了的完成时不定式如 *amāsse* 等之中，比较 *amāuisse*；甚至，尽管就此有一个权威（尼苏斯 [Nisus]，纪元后 1 世纪），引用显示他偏爱简化（Velius Longus, K. vii, 79）。

11）。在大多数古典文本中，这个 ss 仅见于短元音后，因为如上文所提及的那样，双 -s 在长元音或双元音后要简化（譬如有 fissus，而 fīsus）。但据昆体良（†i, 7, 20），简化形式在西塞罗和维吉尔的时代尚未发生，他们依然继续写成 caussae, cassus, diuissiones，等等；昆体良指出，简化出现"有点晚"。一般读者也许不能肯定，一个由他的编辑者在长元音或双元音后用单个 s 的特殊的词，是否原初用的是双 -s；① 因此，对他的最好建议就是，在文本如此显示时读如单个 s。在任何情况下，从纪元前 45 年以降，铭文开始显示简化形式的情形频繁增长；所以，像 causa 这样一个词的发音，在维吉尔那里读如单个 s，甚或在西塞罗那里也如此，很可能至少可以与这一时期较不保守的拉丁语使用者保持一致。

尽管并非古典时期的一种现象，s 还有一个特点值得一提。在早期拉丁语中，当单词末尾的 s 前行一个短元音时，s 倾向于弱化，也许在有些情况下还会失去（极有可能通过一个中介阶段的 [h]，†很多语言中常见这种演变）。这一点由早期铭文直至纪元前 3 世纪都省略 s 可以见得（譬如，Cornelio = Cornelios, militare = militaris），尽管到这个世纪末，s 普遍得以恢复，但无疑一直保持着，至少在清辅音前，保持在密切关联的词组中。‡

这种对 s 的弱化明显没有走得更远，以至于当它处在元音前时，容许省略它前面的一个元音；但在早期诗歌中，s 在一个以辅音开头的词前是如此弱（尽管未真的失去），以至于它不能"构成位置长音

---

① 较为常见的例外有 bāsium, caesaries, pausa。

节"，也从而让前面的音节保持轻音（light）音量。我们有很多这样的例证，譬如在恩尼乌斯那里（*Ann.*, 250 Vahlen）：

suauis homo，*facundu(s)*，*suo contentu(s)*，*beatus*；
温柔的人啊，你善变，踌躇满志，幸福；

在普劳图斯那里（*sānŭ(s)n es*, *As.*, 385, etc.）；在卢基里乌斯那里（293 Marx）：

tristis，*difficiles sumu(s)*，*fastidimu(s) bonorum*
我们悲痛，难心，我们嫌恶好事情

（但 s 保持在密切关联的 *unus-quisque* 中，563）；在卢克莱修那里（ii，53）：

quid dubitas quin omni(s) sit haec rationi(s) potestas?
你何必还要怀疑，这一切都是理性的力量？

最晚近的例证在卡图鲁斯那里（cxvi, 8）: *tu dabi(s) supplicium*[你将遭到惩罚]。

这项惯例，西塞罗有评论（*Or.*, 161），他称其"滑稽可笑……只是曾经较为优雅罢了"（*subrusticum...olim autem politius*）；他提到，当代诗人避免这样做——尽管他容许自己年轻时翻译阿拉图斯（Aratus）的《现象》（*Phaenomena*）时有七八次这么做了。

可见，早期处理词尾 s 的方式与处理词尾 m 相反，因为不容许在元音前省音，在辅音前也不能"构成位置长音节"。

（vii）半元音 *①

i 辅音 *i* 的发音并未出现基本难题；它与英语中的半元音如 *yes* 中的 *y* 等是同一类型。我们期待有这样一种音质是出于以下事实：它在拉丁语中的写法与元音 *i* 使用了同一个字母。② 元音与半元音的区分，仅在于前者处在一个音节的核音（nucleus*）位置，而后者处在界音（margin*）位置。拉丁语中的辅音 *i*，常常源于印欧语言的 *y*，后者保留在其他各种语言中（譬如源于印欧语言的 *yugom*。拉丁语的 *iugum*，梵语的 *yugam*，赫梯语的 *yugan*，英语的 *yoke*）。

在古代著作家那里，这个音未显示有其他音质，这一点有希腊语转写使用 iota 支持（Ιουλιον=*Iulium*）。拉丁语中 *i* 作为元音和辅音之间的密切关联，也见于它们偶然在诗歌中的功能互换——

---

① 不应与拉丁语语法学家所使用的术语 *semiuocalis* 混淆，后者与现代的术语并不对应。他们运用这个术语，遵循希腊语模范，指"延续的"辅音，也就是擦音（*s*, *z*, *f*）、流音（*l*, *r*）和鼻音（*n*, *m*）——而非辅音 *i*, *u*。

② 区别 *i*, *u* 表示元音，*j*, *v* 表示辅音，这是相对晚近出现的写法，不早于 15 世纪。†拉丁语铭文用 I，V 既表示元音，也表示辅音（尽管"拉长的 I"[*I longa*] 有时候在帝国时期的铭文中用来表示辅音 *i*，克劳迪乌斯 [Claudius] 试图引入一个特殊符号 ꟲ 表示辅音 *u*）；U 和 J 源于手写体。在中世纪，*v* 和 *j* 倾向于用作词首变体；建议区分元音辅音，首次由阿尔贝蒂（Leonbattista Alberti）于 1465 年提出，1492 首次由内波里亚（Antonio Nebrija）用于他的《卡斯泰拉纳语法》（*Gramatica Castellana*）。后来，特里西诺（G. G. Trissino）在他的《关于为意大利语再增加字母的书简》（*Epistola de le lettere nuovamente aggiunte ne la lingua italiana*，1524）中建议区分；拉丁语明确采纳，始于拉梅（Pierre la Ramée）的《语法讲义》（*Scholae Grammaticae*，1559）——因此，新字母有时候称为"拉梅字母"（lettres Ramistes）。就法语而言，新字母为龙萨（Ronsard）这样的改革家所采纳，由荷兰的印刷商付诸实行，16 和 17 世纪大部分法语书籍由他们负责印刷。

譬如，一方面，*Ĭulius* 是四音节（quadrisyllabic），另一方面，*abiete* 是三音节（trisyllabic）（以辅音 i 来"构成位置长音节"）；还要注意 i 在 *iam* 中的辅音功能与在 *etiam* 中的元音功能的变化。

拉丁语辅音 i 的传统式英语发音就像英语的 *j*[dž]，这种发音在古代没有根据。很可能要追溯到诺曼征服（Norman conquest）后法国老师的教法，当时在法国流行这种发音，无论拉丁语发音，还是拉丁语借用语发音。13 世纪，这个音在法国变成了[ž]，但更早期的发音在英语中的法语借用语中得以保留（譬如 *just*，密切关联法语的 *juste*）。拉丁语词首的辅音 i 在罗曼语世界的其他地区都是按此模式演变的（参见意大利语 *già*，古法语[dža]，都源于拉丁语 *iam*）——但直到十分晚近，都没有如此演变的证据，甚至在某些罗曼语中和方言中，原初的音质仍然保留着（参见西班牙语 *yace*，源于拉丁语 *iacet*）。它继续发[y]这个音，直到晚近还显示在威尔士语（Welsh）中的拉丁语借用语，如 *Ionawr* 源于拉丁语 *Ianuarius*。

拉丁语辅音 i 的一个重要特点需要注意。在一个单词内部，这个音极少单个出现在元音之间。如果它曾经出现过，也早就消失了（所以，拉丁语 *trēs* 密切关联梵语 *trayas*）。下面关注几个例外，任何辅音 i 单个出现在元音之间的写法，都代表一个**双辅音**，也就是[yy]。所以 *aio, maior, peior, Troia* 指 *aiio, maiior*，等等。① 这

---

① **注意**：在古典时期，*Gaius* 中的 i 一直是一个元音（*Gāĭus*）；同样，*Dēĭanira, Achāĭa*，等等。

在 *praeiudico* 等中，一个双元音[ai]后接一个辅音 i，但在语音学上，这也许与 *maiior* 等中[a]+两个辅音 i 是一回事。*Gnaeus, praealtus* 等词语的发音很可能也类似，因为双元音[ai]在此会后接一个自动出现的 i"滑音"。

一点从各种类型的证据中完全清楚可见。尤其为昆体良和其他语法学家所提及，他们还告诉我们，西塞罗和恺撒（Caesar）事实上惯用 ii 来拼写这样的单词（†Qu，i，4，11；†Priscian，K. ii，14），这一点也有常见的铭文拼写支持（譬如 *PompeIius*，*cuiIus*，*eiius*，*maiIorem*）。在意大利语中，双辅音保持在，譬如，源于 *peius* 的 *peggio* 中。此外，必须是双辅音才可以解释这一事实：前面的音节在格律上总是重音节；因为其中的元音实际上是短元音——这一点尤为毛鲁斯所提及（†K. vi，343），也进一步为其他考察所证实：譬如 *maior* 与 *măgis* 有关，源于 *măg-iōs*。

事实上，拉丁语正词法通常在这种情况下只写单个 *i*，这并不令人吃惊，因为，如在拉丁语中，既然单双并无明显不同，写两个字母就是多余之举。对拉丁语中避免在两个元音之间写单个 *i*，要注意的是，一方面，我们发现有三音节的 *reicit*（*Aen*.，x，473），它代表 *reiiicit*，[①] 用了两个辅音 *i*，造成首音节是重音节；另一方面，我们发现有缩合后的双音节的 *rēice*（*Ecl*.，iii，96），这里失去了两个辅音 *i*，由于元音 *i* 前的异化（dissimilation）[②]——我们没有看到，只有一个辅音 *i* 发生了异化。

有两小类明显的例外，但都关涉复合词，这些词的第二个成分以辅音 *i* 开头。譬如在 *dīiudico*，*trāiectus*，*ēiaculo*，*prōiectus*，*dēiero* 中，

[①] 这同样适用于偶尔出现的 *coicio*，以不规则的形式源于 *con+iacio*，这个词（如朗古斯所指出的那样，K. vii，54）表示 *coiiicio*；还有，譬如 *Pompei*，普利斯吉安（K. ii，14）说，恺撒拼写这个词用了三个 *i*。

[②] 同样，*ăis*，*ăit* 由 *aiiis*，*aiiit* 异化而来，但两个元音之间的 *ii* 在 *aio*，*aiunt* = *aiio*，*aiiunt* 中得以保留；元音缩合在普劳图斯的 *āibam* 源于 *āībam*，由 *aiībam* 异化而来。

首音节有一个长元音，所以，没有理由认为这里后接两个辅音 i。在 biiugus, quadriiugus 中，音节 bi- 和 -ri- 是轻音，所以，辅音 i 必定是单个的。①

双 y 音不是英语的特征；但它不会比其他双辅音更难，而且，在如 toy yacht 或 hay-yield 这样的词组中，存在一个闭通音（close approximation）。

拼写方面更进一步的特点关涉 iacio 的复合词，如 conicio（还有 in-, ad-, ab-, sub-, ob-, dis- ）。†在早期和晚期拉丁语中有几个例外，首音节总是重音节，这表明 i 在这里表示辅音 i 加元音 i，也就是说，coniicio 等，而非只有单个元音 i。这个音质也为昆体良所证实（i, 4, 11），尽管未见于铭文；盖里乌斯（Gellius）对这个问题整体有极好的讨论（†iv, 17），他捎带谴责了在这些词语中错误地拉长元音的做法。在这里写成单个字母的原因，很可能和在 seruus 等词语中一样（参见页 18 以下），不愿连续写两个（或更多）同样的字母可能会造成歧义。

u 辅音 u 与元音 u 的关系，和辅音 i 与元音 i 的关系是一样的；所以，半元音 [w] 与英语 wet 等中的 w 是同一类音。这个音也存在于早期希腊语中，由所谓 digamma（ϝ）表示；但在拉丁语中，这个符号为 F 替换，发擦音 [f]（起初是单音双字母形式 FH）。因此，作为拉丁语半元音，必须使用元音符号，如 i 表示 [y] 那样（这

---

① 其实，发音与 diurnus 这样的词并无不同，在这些词中，i 自然会在另一个元音前引入一个作为滑音的辅音 i。

个音没有对应的希腊语字母符号）。

拉丁语中元音与辅音的密切关联，偶尔见于诗歌中的功能互换，譬如三音节词 silŭa 和双音节词 genua（由辅音 u "构成位置长音节"）；在古典时期，在希腊语中通常以 ου 转写（譬如，Οὐαλεριου=Valerii）。

这个音常源于某种印欧语言的 w，尽管如今差不多仅保留在英语中（譬如源自印欧语言的 wid-：拉丁语 uideo，英语 wit）。

纪元前 1 世纪，费占鲁斯（Nıgidius Figulus, †Gellius, x, 4, 4）明确指出这个辅音与元音一样，使用了唇凸音（lip-protrusion），只能表示一个双唇半元音发音（在讨论语言起源时，他指出在 tu 和 uos 两个词中，唇凸向听者，但在 ego 和 nos 中并非如此）。还有一则广为引述的西塞罗讲述的轶事告诉我们，正当克拉苏（Marcus Crassus）不幸开拔远征帕提亚（Parthians）时，一个卖考诺斯无花果（Caunean figs）的商贩叫喊 "Cauneas!"；西塞罗解释说（†Div., ii, 84），要是克拉苏注意到这个 "预兆" 就好了，就是听成 "Caue ne eas"（你要当心，不要走呀）；这则轶事几乎没有什么意义，除非如我们所推测的那样，caue 中的 u 与 Cauneas 中的 u 一样。一个类似的例证是由瓦罗提供的，他认为 auris 的词源是 auere（L.L., vi, 83）。①

但在纪元后 1 世纪，我们已经开始发现铭文中混淆了辅音 u 和

---

① 亦参归于斯提洛（L. Aelius Stilo, c. 154 to 90 B.C.）的词源分析："pituitam, quia petit uitam"（黏液，因为，它攻击生命）（Quintilian, i, 6, 36）。

b，到那时这个音已演变为某种擦音（就像英语 *lover* 中的 *v*，或更有可能像西班牙语 *lavar* 中的 *v*）。到了 2 世纪，朗古斯尤其以术语摩擦（friction）指称这个音（K. vii, 58：" cum aliqua adspiratione"［带有某种送气］），这种演变在罗曼语中很普遍（法语 *vin*，等等）。迟至 5 世纪，半元音［w］仍明显保留在某些地区，因为康森提乌斯注意到："还有 *V* 这个字母，人们的发音比较弱，以至于在读 *ueni* 的时候，你要考虑读如三个音节"（*V* quoque litteram aliqui exilius ecferunt, ut cum dicunt *ueni* putes trisyllabum incipere, K. v, 395）；但实际上，那时擦音的发音方式已如此普遍，以至于普利斯吉安必须提出规则：什么时候写成 *u*，什么时候又写成 *b*（K. iii, 465）。

42　　尽管如此，在纪元后 1 世纪前，尚无这种演变的任何证据，辅音 *u* 的［w］音质必须设定在古典时期。

　　不像辅音 *i*，*u* 通常单独出现在两个元音之间，譬如 *caue*。但在希腊语词汇 *Euander*, *Agaue*, *euoe* 中，*u* 表示一个双［w］音（如在希腊语中那样），所以，尽管它前面是短**元音**，**音节**却是重音节。

　　最后应当注意，在 *cui*, *huic* 中，以及在感叹词 *hui* 中，第二个字母不是辅音，而是元音 *u*，它与紧随其后的 *i* 构成一个双元音。[①] 事实上，昆体良发现，*cui* 和 *qui* 有些类似（†i, 7, 27），但他称前者是"丰音"（pinguem sonum），建议读如与前元音相对的后元音（参见页 34），以示着重 *u* 这个成分——除此之外还有其他

[①] 无疑，在双音节词 *fluĩtat* 中也是如此（Lucretius iii, 189, Vienna MS）。

1. 辅音

证据。最清楚的证据见于下述事实：在 *huic* 前容许省音（但是，譬如在 *uis* 前就不容许），而在 *alicui* 中，*cu* 不能使前面的音节"构成位置长音节"，这个音节仍是轻音节（light）；这两条证据显示，*u* 在此必定是一个元音；同样，*huic* 也不能"构成位置长音节"，若前接一个词末辅音。

此外，在白银时代的拉丁语诗人将 *cui* 作为一个双音节词来看待时，第二个音节总是短音，也就是 *cŭī*；单音节显示总是具有重音量（heavy quantity），但如果音量归于有一个长元音 *i*，我们会认为双音节形式是 *cŭī*；因此，单音节形式的音量，必须归于 *ui* 是一个双元音这一事实。语法学家在这一点上并不十分清楚，但奥达克斯（Audax）却认为 "*cui non dictus Hylas*"［谁没有听人讲述过许拉斯的故事］的 *cui* 要"作为双元音"（K. vii, 329, on Vergil, G., iii, 6）；普利斯吉安（K. ii, 303）将 *cui* 和 *huic* 中的 *i* 描述为"处在辅音的位置上"（loco consonantis），这适合于它作为一个双元音的第二个成分；而毛鲁斯承认 *ui* 是一个双元音（K. vi, 347—348），其中的困难在于，其他拉丁语双元音 *ae*, *oe*，还有方言中的 *au*，在他的时代都变成了两个单元音；尽管如此，他甚至将其比作希腊语的双元音。

（viii）h

以这个符号表示的这个音，在大多数语言包括英语中，习惯上都被描述为一个"声门擦音"。其实，声门通常只有轻微的摩擦——如一位匿名的拉丁语语法学家非同寻常的敏锐观察[①]："*h*,缩小咽头……呼气"（*h conrasis paululum faucibus...exhalat*, K. *supp*. 307）。更为常见的情况，只是对其后元音的一种气息调整，语法学家提及它用的就是这类术语（譬如，†Mar. Vict., K. vi, 5："*h*,我们认为，它其实是一个送气符号，而非一个字母"[*h quoque adspirationis notam*, non litteram existimamus]）。这个拉丁语发音源于印欧语言的 *gh*（譬如印欧语言中的 *ghortos*：拉丁语的 *hortus*，希腊语 χόρτος；比较英语的 *garden*），毫无疑问，它在某一时期经历了一个像苏格兰语 *loch* 中的 *ch* 这个阶段。但没有证据支持它在历史上有过这种更强式的发音。

h 基本上是一种弱式发音，不涉及口腔中言说器官的独立活动，并且（譬如，我们由伦敦方言可知）易于消逝。但在它保留在英语中的地方，如在标准的南方发音中，作用都如一个标准的辅音；譬如，在它前面，冠词都要用辅音前式（preconsonantal）而非元音前式（prevocalic）——所以，在 *a/the harm* 中，要像在 *a/the farm* 中那样，读如 [ə] / [ðə]，而非像在 *a/the arm* 中那样，读如读如 [ən] / [ði]。尽管如此，在拉丁语中（如在希腊语中），*h* 并不这样发音，这可以由其不能"构成位置长音节"见得，并且往往容许省略前面的元音；也请注意：它不妨碍缩合，如在 *dehĭnc* 中（*Aen.*, i, 131）。

事实上，在古典时代的拉丁语口语中，甚至在更早期，*h* 就已

[①] 但也许这是出于偶然，因为他主要是想展示书写字母（这里是 *H*），"人们按照声音的呈现来获得其字母形状"（ad similitudinem uocis characteras acceperunt）！

经走上了要失去的方向。在两个同样的元音之间，失去 h 发生得尤其早，或成为规范，譬如在源自 ne-hemo 的 nēmo 中，或可供选择，譬如在 nīl, mī 中，表示 nihil, mihi；到了古典时代就普遍失去了，在诸如 praebeo, debeo, diribeo 中，表示 prae-, de-, dishabeo，也在多少有些通俗的词语中，如合乎规则的写法 meio（密切关联梵语的 mehati），lien（密切关联梵语的 plīhan）。处在两个元音之间时会失去的倾向，也由误用 h 仅表示元音分读（hiatus）的情形得以显明，譬如早在纪元前 186 年的铭文 ahenam 中（梵语 ayas 表明这个 h 并非原有）；可以比较法语中"嘘音 h"（h aspiré）具有同样的功能，事实上，处在两个元音之间的 h 特别容易弱化或失去，譬如在古英语的一个早期阶段，现在只出现在复合词和借用词中，诸如 behind, mahogany。

词首的拉丁语 h 黏着力较强，但即便在词首，在共和国末期也可以发现省略和误用的情况（譬如铭文 Oratia, hauet 表示 Horatia, auet）。在乡村起源的词汇中也会省略，如规范写法 anser（密切关联梵语 haṃsas），甚至，据昆体良，在 (h)aedus, (h)ircus（i, 5, 20）中也要省略。在庞培那里同样如此，因此，不晚于纪元后 79 年，譬如，可以发现 ic, abeto, hire 表示 hic, habeto, ire 这样的情形。

其实，在古典时期，知道何处发 h 音成为有教养阶层的一项优势；其他说话者准确发音的努力极易导致"矫枉过正"式的误用。卡图鲁斯在他的诗作中制造了关于阿里乌斯（Arrius）的笑点，用的就是后者的"hinsidias"和"Hionios"；用费古鲁斯的话说（Gellius, xiii, 6, 3），"如果错误送气，就会变得乡气"（rusticus fit sermo si aspires perperam）。有时候，位置甚至会对正词法造成不确定性；譬如，*umerus* 倾向于获得一个不合正词法的 *h*（比较梵语 *aṃsas*），(*h*)*umor*, (*h*)*umidus* 同样如此；而 (*h*)*arena*, (*h*)*arundo* 是有争议的，有利的形式明显是 *harena*, *arundo*（参见 Velius Longus, K. vii, 69 ; Mar. Vict., K. vi, 21 f. ; Probus, K. iv, 198）。就处在元音之间的 *h*，甚至语法学家也认可这些形式，如 *uemens*, *prendere* 表示 *uehemens*, *prehendere*（甚至 *prensare* 在所有时期都是常规形式）。

在罗曼语中完全没有了 *h* 这个符号；在早期进入日耳曼语的借用语中，也没有这个符号的任何证据——所以，英语 orchard 源于古英语 *ort-geard*，这里的 *ort* = 拉丁语的 *hortus*。[①] 但我们可以肯定，*h* 的书写和发音，长期持续在学校中教授并在上流社会中发展——如奥古斯丁（St Augustine）抱怨的那样（*Conf.*, i, 18）："你看，主啊……人子们如何小心恪守着先人们采用的字母和音节方式……所以，他是在遵守或教授那种古已有之的发音，如果他违反语法规则不送气而读如 *ominem*，这要比他违背你的教诲而厌恶人，更令人们不快"（uide, domine...quomodo diligenter obseruant filii hominum pacta litterarum et syllabarum accepta a prioribus locutoribus... ut qui illa sonorum uetera placita teneat aut doceat, si contra disciplinam

---

[①] 参见 Charisius, K. i, 82："……ortus 发音时应当没有送气音，瓦罗说……但习惯上……hortos 要用送气音"（...ortus sine adspiratione dici debere Varro ait ...sed consuetudo...hortos cum adspiratione usurpauit）。的确，在日耳曼语借用 *h* 时，就像现代德语中的"清软腭擦音"（*ach*-Laut，参恺撒的 *Cherusci*）；但如果拉丁语明显有送气音，我们认为应如此发音——譬如，就像英语的 *h* 在俄语（可供选择）或现代希腊语中的发音。

grammaticam sine adspiratione primae syllabae *ominem* dixit, displiceat magis hominibus quam si contra tua praecepta hominem oderit）。当然，那时候的实际发音已不常见于规范言说，因此，毫不奇怪，我们可以见到它为 *ch* 取代的情形，譬如在铭文 *michi*（纪元后 395 年）中，这里的 *ch* 很可能具有德语中"清硬腭擦音"(*ich*-Laut）的音质，这个音后来常见于晚期希腊语；铭文中也保留了不太复杂的尝试，诸如 *mici*, *nicil* 这样的形式。①

对英语读者而言，拉丁语 *h* 唯一保险的发音是，当其在现代文本中出现时就读如 *h*（除了在 *humerus*, *humor*, *humidus*, *ahenus* 中，这里发 *h* 音不合适）。这样，他就至少在遵循古典时代罗马社会中最有教养的人的发音习惯，或许比当地人更为符合。

处在元音之间时，很可能 *h* 倾向于发浊音——这种倾向在英语中也普遍流行（譬如 *behind* 中的发音）。

(ix) x 和 z

x 和 *z*，严格说来从属于拉丁语的辅音系统，*x* 就表示 *cs*（偶尔有铭文 *uicsit*，等等），② 最终源于西部希腊语字母，其中的 χ 音质相当于阿提卡方言的 ξ；而借用 *z*，仅仅是为了转写希腊语 ζ（Z）

---

① 字母 *h* 的名称（英语 *aitch* 源于古法语 *ache*；参意大利语 *acca*）很可能源于晚期拉丁语中代替 *ahha* 的 *acc(h)a*（参意大利语、西班牙语 *effe* 代表 *f*，如此等等）。

② 有时候也变为 *cx*, *xs*，甚至 *xx*。

的发音。① 在借用这个字母的时代（纪元前 1 世纪），希腊语 ζ 的音质是一个浊化擦音 [z]，如在英语 zeal 中那样，而这也是它在拉丁语中的音质。② 在借用这个外来音和字母之前，希腊语 ζ 以其最接近的等效音来转写，也就是说，在词首用清音 s，在词中间用 ss，譬如 sona（普劳图斯），Setus（铭文），massa，分别等于 ζώνη，Ζῆθος，μάζα。双辅音在词中间，很可能反映了希腊语中处在词中间的音质 [zz]，而拉丁语诗歌中的处在元音之间的 z，事实上并不总能"构成位置长音节"，因此要复式发音，③ 譬如 gaza, Amazon, Mezentius。拉丁语中，在词首没有 z 何以应当"构成位置长音节"的理由，但事实上，古典时代的诗人的确避免将其放在末尾短元音之后（同样，在此位置上，他们倾向于避免使用任何词首包含 s 的字母组合），除了在 Zacynthus（譬如, Aen., iii, 270）中。之所以避免如此，却也有例外，理由在于模范希腊语——因为在荷马史诗中，在 Z 的音质是 [dz] 或 [zd] 的地方，这样的词首组合通常都能"构成位置长音节"；但有一个例外，就是若非如此就无法符合六音步格（如 Ζάκυνθος，Ζέλεια；亦参 Σκάμανδρος，σκέπαρνον）。

---

① 然而，偶尔也转写为 σ（s），在浊辅音前要浊化，譬如铭文 zmaragdus, azbestus, Lezbia（这种做法遭到批评，见 Priscian, K. ii, 42，但事实上在纪元前 4 世纪以降的希腊铭文中司空见惯）；在原生的拉丁语词汇中，s 不会出现在浊辅音前（除了在词首的半元音 u 前，还有非常偶然的出现在复合词中的情形）。

② 有些语法学家用 s 与 d 或 d 与 s 组合来指称这个音；但它的接受或变化都源于刻画古典希腊语的音质。正确的音质，对于拉丁语和晚期希腊语而言，朗古斯有明确表述（†K. vii, 51）。

③ 参见 Probus, K. iv, 256："z……因为它要复式发音，所以形成了一个位置长音"（z...quoniam duplex est, facit positione longam）。

2. 元音
Vowels

(i) 单元音

47

拉丁语的元音系统,可按传统的元音分布表(vowel-diagram*)来展示。尽管如此,最清晰的图示法是,分别以两个分离却相关的长元音(long*)和短元音(short*)次级系统来处理。通常情况下,长元音次级系统要比短元音次级系统占据较大的发音范围,短元音一般较为松弛,而且较相应的长元音,发音时离开言说器官"中心"位置较近。

长元音和短元音 a,音质并无大的不同,但就闭元音(close*)和中元音(mid*),譬如,i 与 u,e 与 o 而言,长元音明显比短元音闭合程度更高。†两个次属系统可彼此重叠图示如下:

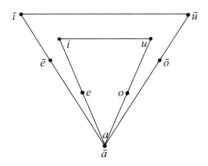

长元音和短元音 *i*, *u* 的相对高度（闭合度）能够相当准确地估计。在拉丁语后来的演变中，双元音 *ae* 变成了一个新的长中元音（long mid vowel），‡相较于长元音 *ē*，它是一个开口更大的开元音（open*），我们可用 *ę̄* 这个符号来表示它（在罗曼语世界的某些地区，*au* 同样也变为一个 *ǭ*，比 *ō* 开口更大）。所以，前元音轴的形式是：

后来元音音长的区分消失了，原来的长元音 *ē* 和 *ō*，分别与原来的短元音 *i* 和 *u* 合并，变成了罗曼语中的 *e/o*，① 与此同时，原来的 *ę̄* 和（适用之处的）*ǭ*，分别与原来的 *e* 和 *o* 合并，变成了罗曼语中的 *ę/ǫ*；†这表明，在音质上，拉丁语中的短元音 *i/u*，相去长元音 *ē/ō* 不远，而短元音 *e/o*，相去后来的拉丁语中的 *ę̄/ǭ* 不远。下面的例词表明了前元音轴的位置：★

Classical *uīuere*	(Romance *i*)	Italian *vivere*
Classical *pĭra* Classical *uērum*	(Romance *ę*)	Italian *pera*, *vero*
Classical *mĕl* Classical *caelum*	(Romance *ę*)	Italian *miele*, *cielo*
Classical *măre* Classical *cārum*	(Romance *a*)	Italian *mare*, *caro*

---

① 除了在撒丁语、北科西嘉语（north Corsican）、某些南意大利方言和（就 *ō/u* 而言）罗马尼亚语中。

★ Classical 指古典拉丁语，Romance 指罗曼语，Italian 指意大利语。——译注

长元音 *ī* 和 *ū* 始终有别于其他元音。

所以，对于晚期拉丁语而言，至少短元音 *i* 和 *u* 在音质上更接近长元音 *ē* 和 *ō* 而非长元音 *ī* 和 *ū*，而长元音 *ē* 和 *ō* 在音质上更接近短元音 *i* 和 *u* 而非短元音 *e* 和 *o*。这个假说确有某些语法学家的陈述支持。长音和短音 *i* 之间听觉上的不同，朗古斯（K. vii, 49）和康森提乌斯（†K. v, 394）明确注意到了，在一则归于毛鲁斯的陈述中我们看到（Pompeius, K. v, 102）："任何时候，我们发长音 *e* 时，它都接近字母 *i*"（Quotienscumque *e* longam volumus proferri, uicina sit ad *i* litteram）。在康森提乌斯本人的著作中（†K. vi, 329），‡我们发现在提到长元音 *ō* 时，说它要比短元音 *o* 发更高程度的圆唇音（lip-rounding*），我们也可以推断它有更高的闭合度。按塞维乌斯（Servius，纪元前 4 世纪和 5 世纪：K. iv, 421）的陈述，在某一时间发生了 *ae* 变成了 *ę* 的情形，我们也看到 *e* 具有短音音质的证据："*E*，当它……发短音时，它接近双元音的发音"（*E* quando...correptum, uicinum est ad sonum diphthongi），也就是说接近 *ae*。

短元音 *i* 与长元音 *ē* 在音质上的相似性，从早期以来也由铭文中将 *e* 写成短音 *i*，将 *i* 写成长音 *ē*，得以显明，譬如 *trebibos*, *menus*, *minsis* 表示 *tribibus*, *minus*, *mēnsis*；也由频繁以希腊语的 ε 转写拉丁语的短音 *i* 得以显明，譬如 Λεπεδος, κομετιον, Δομετιος, Τεβεριος 等于 *Lepidus*, *comitium*, *Domitius*, *Tiberius*。[①]
短音 *u* 与长音 *ō* 的相似性同样由铭文得以显明：*colomnas*, *sob*,

[①] 反过来，拉丁语的 *i* 表示希腊语的 ε 的情况，譬如铭文 *Philumina*=Φιλουμένη。

octubris, punere 表示 columnas, sub, octōbris, pōnere（希腊语的 o 表示拉丁语的 u，不能用作证据，因为希腊语在任何情况下都没有短音［u］）。①

尽管如此，如元音分布表所示，长元音 ī 与长元音 ē 截然不同，短元音 i 与短元音 e 也截然不同。开口之不同尤为毛鲁斯所关注（†K. vi, 329），他特别提到在发 ī 和 i 音的情况下，更大面积的上腭与舌接触。

同样，开口的不同也适用于 ū/u 和 ō/o，就此，维克多利努斯遵循毛鲁斯，特别提到闭口圆唇音 ū/u（K. vi, 33："每当我们读 V 这个字母的时候，我们都会凸出并且闭合嘴唇来呼气"［V litteram quotiens enuntiamus, productis et coeuntibus labris efferemus]）。

长元音和短元音 a 没有提出特殊难题。它们的开口大小，毛鲁斯有很好的描述（K. vi, 328）。这一点有罗曼语中的演变支持，表明罗曼语中在长元音和短元音 a 之间也缺乏实质性区分。同样，两个元音都可用希腊语中的 α 来表示。

长元音 ī 和 ū 的发音，分别与 feet 和 fool 中的元音发音十分相像（尽管大多数讲英语的人倾向于不同程度地将这些音双元音化，以不完全闭合方式读起）。短元音 i 和 u 的音质，与 pit 和 put 中相应的元音十分相像；短元音 e 和 o 与 pet 和 pot 中的元音相像。长元音 ē 和 ō，为使用"标准发音"（R. P.*）的讲话者造成了相当大

---

① 但是，反过来拉丁语的 u 表示希腊语的 o 却切中肯綮：譬如，purpura, gummi = πορφύρα, κόμμι, 而铭文 empurium = ἐμπόριον（emporium 受到希腊语拼写的影响）。

的困难，因为这种方言中不包含真正与之相似的发音；最接近的音，譬如，在 *bait* 和 *boat* 中——但它们是非常不同的双元音，分别是［ei］和［ou］，它们不是拉丁语中的元音。音质上与这些拉丁语元音更为相像的是纯元音（pure vowel），在苏格兰和诺森伯兰（Northumberland）使用这些词语时就用这样的元音（但在约克郡［Yorkshire］和兰卡斯特［Lancashire］并非如此，这里的元音发音尽管纯粹，却开口太大）。另一种音质比较接近的元音，或许是法语 *gai* 和 *beau* 中的元音，或德语 *Beet* 和 *Boot* 中的元音。

意大利语 *amare* 中的第一和第二个元音，分别与我们所主张的拉丁语的短音和长音 a 十分接近。英语"标准发音"中最接近拉丁语长元音 a 的对等音是 *father* 中的 a，但这个音的音质实在太有收缩性（尽管更为靠前的音质，可在某些北部方言中听到）。短元音 a 最接近的对等音，听觉上就是"标准发音" *cup* 中的元音［ʌ］，**注意：不是** *cap* 中的［æ］。

讲英语的人需要特别小心，不要将不重读的短元音缩减为"中元音"［ə］，譬如，不要将 *aspera* 或 *tempora* 中的最后两个元音读如"标准发音" *murderer* 中的最后两个元音。它们还需要注意词末的短元音 e 和 o。这些音不会出现在英语词汇的末尾，所以，讲英语的人倾向于将词末的 e 变为短元音 i，譬如在他们读 *pete* 时（读如英语的 *petty*），也倾向于将词末的 o 变为双元音［ou］（如在英语 *follow* 中），譬如在他们读 *modŏ* 时。这些词末的元音应当与其在词的首音节中一样发音；它们的实际发音不会对讲英语的人造成困难——只不过在不合英语习惯的位置上发这些音而已。

特殊音质。 在很多语言中，闭元音和/或中元音在 r 前要比在其他情况下开口更大；所以，在法语中，维庸（Villon）用 *terme* 与 *arme* 押韵；在英语中，*sterre*, *person* 变成了 *star*, *parson*，而在 *dirt*, *turf* 中，*i* 和 *u* 变成了中央元音（mid central*）[ə]。在拉丁语的演变中，r 对元音音质有影响——注意，譬如 *reperio*（源于 *pario*）密切关联 *reficio*（源于 *facio*），*cineris* 密切关联 *cinis*，*foret* 密切关联 *fuit*。当然，这些变化已经是古典拉丁语中的既成事实，但是在 r 前趋向于开口短元音的倾向似乎在延续——譬如见于铭文的 *passar*, *carcaris*，普罗布斯注意到诸如 *ansar*, *nouarca* 这些形式；在 r 后也有同样的倾向，似乎为 *parantalia*（普罗布斯）所证实，① 在早期铭文中不太确定，如 *militare* 表示 *militari(s)*，普利斯吉安容许 *here* 这种形式，也容许 *heri* 这种形式，② 但他只承认 *ibi*, *ubi*（尽管如此，在后面这些词中，其他解释也有可能）。

然而，似乎相当肯定的是，至少在 r 前是短音 e 的情况下，这个元音倾向于更具有开音音质。但很明显，通常它的开口程度不像 a，也由于开口程度未知，就没有理由尝试重构它。

另一方面，在另一个元音前，短元音 e 的音质的闭合程度（更像 i）似乎比在其他地方更高，譬如铭文 *mia*, *balnia*, *ariam*，普罗布斯有 *solia*, *calcius*（还有希腊语转写 άρια, Κεριαλις，如此等等）；

---

① 尽管如此，在所有这些情况下，相邻音节中的 a 也许是一个附属要素。
② K. iii, 71. 亦请注意昆体良（i, 4, 8）："在 *here* 中，听到的既不完全是 e，也不完全是 i。"‡

2. 元音

也要注意，*e* 与 *i* 一样受制于诗歌中的音节缩合（synizesis）（譬如在维吉尔那里，*alveo*, *aurea* 是双音节，就像 *abiete* 是三音节）。朗古斯将此倾向归于早期（K. vii, 77 :"*mium*……使用 *i* 的写法，我们应将其归于古人"［*mium...per i antiquis relinquamus*］）；但后来这个元音在这种处境中的演变，很大程度上与 *i* 一样（譬如西班牙语 *dios* 源于 *deus*）。†但是显然，在谨慎的拉丁语言说中，这里的 *e* 甚至与 *i* 仍有区别；在此处境中，讲英语的人自然会给予 *e* 程度更高的闭音音质，而这么做很有可能非常接近拉丁语的实际发音。

拉丁语的短音 *i*，在元音前也具有更高程度的闭音音质（更像长音 *ī* 的音质），由拉丁语的 *dies* 在罗曼语中的演变可以断定（意大利语/古法语 *di*，就像 *chi/qui* 源于 *quī*）；如下事实也表明了这一点：在此位置上，*i* 几乎不曾写成 *e*（参见页 49），而的确往往写成大写的 I（譬如 *prIusquam*, *dIes*, *pIus*）。英语中有一个十分接近的类似情形，譬如，*react* 中的第一个元音，要比 *recall* 中的第一个元音闭合程度更高，音质更像长音 *ī*；因此，讲英语的人说拉丁语，也自然而然会这样调整。

e 和 *i* 位于元音前时的闭合程度更高的音质，很可能是由于在这些条件下，"滑音" *y* 会自然而然跟随其后[①]——讲英语的人会自然而然产生这个"滑音" *y*。

y　这个音不属于原生的拉丁语语音系统，引入它是为了转写

[①] 似乎处在一个元音前对 *u* 有同样的影响（譬如在 *duo* 中），由于自然而然会有一个"滑音" *w*。

希腊语的 υ（Y）。早期在拼写和发音中，希腊语中的这个音都以拉丁语 u 来转写。所以，譬如希腊语 βύρση，拉丁语借用为 bursa，这个拉丁语元音音质可由意大利语 borsa、法语 bourse 来证明。在普劳图斯那里，我们也发现 u 的音质由关于 Λυδός 这个名字的双关语所显明（Bacch., 129）：

non omnis aetas, Lude, ludo conuenit.
并非对于所有人而言，人生，吕德斯啊，都适合于游戏。

其他证据由早期铭文书写提供，如 Sibulla，还有恩尼乌斯将 Pyrrhus 读如 Burrus（参见页 13）。

尽管如此，在古典时期，y 这个希腊语语音和字母，有教养的圈子都予以采用。作为短元音和长元音，这个音都具有 [ü] 这个音质，如法语 lune 中的 u，或德语 über 中的 ü。① 因此，拉丁语中以 y 拼写的希腊语借用词也要按此方式来发音（譬如 hymnus, Hyacinthus, symbolus, nympha, satyrus, mysterium, Olympia）。尽管如此，这种发音并不一定会渗透进口头言说；譬如在 crypta（源于希腊语的 κρύπτη）中，crupta 这种形式见于共和国时期的铭文，也进一步有罗曼语演变支持（譬如意大利语的 grotta）。

在某些地区的通俗希腊语口语中，纪元后 2 世纪或 3 世纪以降，

---

① 拉丁语中唯一原生的与希腊语 υ 相像的音，就是前元音前的 qu 中的 u 成分（见页 17）。因此，毫不奇怪，可以见到希腊语的 κυ 偶尔用拉丁语的 qui 来表示（所以，铭文 Quinici, Quirillus, Quiriace 表示 Κυνικοί, Κύριλλος, Κυριακή）。有时候，古典拉丁语双元音 oe 会有 [ȫ] 的音质，在词末会有 [ē] 的音质（见页 62）。[ȫ] 的音质相去 [ü] 不远，因此，铭文以拼写 Moesia, Mesia 表示 Μυσία。†

υ 与 ι 混淆了；结果，有些词借用晚期拉丁语后采用了 *i* 而非 *y*，① 早期借用语使用 *i* 也变得更为普遍。这种演变遭到语法学家的指责（譬如普罗布斯，"应该是 *gyrus* 而非 *girus*"），但这样的词语在罗曼语中成为规范（意大利语 *girare*，法语 *girer*，如此等等）。

不出所料，我们会发现大量错误拼写，无疑还有大量发音，以 *y* 表示拉丁语原生的 *u*，在晚期也表示拉丁语原生的 *i*。所以，格哈里西乌斯（Gharisius, K. i, 103）和卡佩尔（K. vii, 105）都发现必须谴责以 *gyla* 表示 *gula*，而普罗布斯坚持"应为 *crista* 而非 *crysta*"。在很多情况下，错误的形式很可能是由于受真实的或想象的与希腊语的关系影响——所以，*inclytus*②，*corylus* 表示 *inclutus*，*corulus*，仿效希腊语 κλυτός，κάρυον（参见 Priscian, K. ii, 36），还有 *myser*, *sylua* 表示 *miser*, *silua*，仿效希腊语 μυσαρός，ὕλη（参见 Macrobius, *Comm. in Somn. Scip.* i, 12, 6 f.）。

古拉丁语的 ẹ。尽管我们不直接涉及前古典时期的音韵学（phonology），但关于这个特殊元音的某些知识，对于理解普劳图斯和泰伦斯的某些例句是必要的。

在最早记录下来的拉丁语形式中，已然存在一个双元音 *ei*，譬如，见于 4 世纪的拉丁语铭文形式 *deiuos*, *nei* ＝古典拉丁语的 *dīuus*, *nī*。3 世纪，这个双元音开始变成一个长元音，首先在词尾，

---

① 在乡村地区，共和国时期的铭文中已经偶见例证，譬如 *Sisipus*。
② 因此，还有 *inclitus*（*inclutus* 在铭文中是规范写法，直至纪元后 2 世纪）。

54　然后在任何位置；证据出自拼写使用 e，最早有主格复数 *ploirume*，与格单数 *dioue*（= 古典拉丁语 *plurimi*，*Ioui*），在约纪元前 250 年；接着 *uecos*（= 古典拉丁语 *uīcus*）？3 世纪，纪元前 189 年还有 *conpromesise*（= 古典拉丁语 *compromisisse*）。尽管如此，以 *ei* 拼写仍在持续（譬如纪元前 189 年有 *inceideretis*，*ceiuis*，*deicerent*，主格复数 *uirei*），变为一个单元音的进一步的证据，由"逆反"拼写如 *decreiuit* 表示 *decrēuit* 提供，而后者过去从不用双元音 *ei* 拼写。

尽管如此，这个单元音明确不同于 *ī*，后者继续以 *i* 书写（譬如 *scriptum* 和属格单数 *sacri*）；它也必定有别于 *ē*，因为这两个元音后来的演变不同（见下文）。显而易见的解释是，这个新元音具有介于 *ē* 与 *ī* 之间的音质，通常以符号 *ẹ̄* 表示（可以这样说，在这一时期，它继承了 *ē*，开口程度要比古典时代大，所以这个新音要容纳更大的元音空间 [vowelspace]）。

这就是普劳图斯和泰伦斯写作时期的事态。但接下来，在纪元前 150 年前后，发生了更进一步的变化，元音 *ẹ̄* 开始与 *ī* 融合，就像在古典拉丁语中那样。在最早期的铭文中，这种变化的例证是主格复数 *purgati*（约纪元前 160 年），表示更早期的 *purgatei/purgate*。不出所料，使用 *ei* 的拼写方式持续了一段时间（尽管因其不必要的模糊性，使用 *e* 的拼写退出了），而向 *ī* 的变化同样由逆反的书写方式所表明，诸如 *audeire*，*faxseis*，*omneis*（=*omnīs*），[①] 属格单数 *cogendei*，后者实际上总是发 *ī* 音。

[①] 也见于普劳图斯的《两兄弟》(*Mn.* 237) 手稿 (MS. [A])。

普劳图斯和泰伦斯那里的真实情形，被古今见识不足的编辑的努力掩盖了。文本事实上都被"现代化了"，以至于原本的 $\bar{e}$ 都为 $\bar{\imath}$ 所取代（也就是说，以 $\bar{\imath}$ 取代了原初的 ei）。尽管如此，格律上的证据却掩盖不住。所以，*filius* 的属格单数在他们的著作中都合乎规范地写成双音节，而主格复数则写成三音节；这是因为在属格单数中，词末的 $\bar{\imath}$ 本来就有，它与前面的 $\bar{\imath}$ 缩合——所以，*filiī* 就变成了 *filī*；但在主格复数中，词末的 $\bar{\imath}$ 就是从前的 $\bar{e}$，不发生缩合——所以就是 *filiē*。相反，†两位诗人只用 *dī* 而从不用 *dēī* 来表示 *deus* 主格复数，因为原初的形式是 *dēē*，后者缩合成为 *dē*。① 还有 *īra* = *ēra* 的证据，见于《吝啬鬼》(*Truc.* 262—264, with Spengel's emendation) 中关于 *īra*/ *ĕra* 的双关语。

因此，有纯正要求的读者有理由将文本中的主格复数 *filii*, *di* 分别读如 *filiē*, *dē*。但或许这样做并不明智，除非他也是比较语言学家，在其他很多情况下，他不会知道文本中的 $\bar{\imath}$ 是不是原本就有的；而且在任何情况下，由于我们不能肯定在普劳图斯和泰伦斯时代继承下来的 $\bar{e}$ 的音质，我们也不能肯定 $\bar{e}$ 的确切音质——后者事实上很可能具有像前者在古典时代所具有的音质。因此，我们必须满足于，随便举一例，譬如以西塞罗的发音，来读这些诗人。

也许特别要注意的是，在乡村地区的拉丁语中，元音 $\bar{e}$ 似乎并未演变为 $\bar{\imath}$。很可能与此相关，在这样的方言中，原初的双元音 *ae* 早就演变成了一个开口中元音 $\bar{e}$——就像后来在拉丁语中司空见惯

---

① 所见双音节形式只有 *dīuī*（表示 *dēuē*）。

的那样（见页 47）；因此，他们继承下来的 $\bar{e}$，很可能要比普劳图斯的拉丁语发音闭口程度更高，而他们的 $\bar{e}$ 大概也与这个音融合了。所以，我们发现瓦罗提到 *uēlla* 和 *spēca*（表示 *uīlla*, *spīca*），称其是"乡下人"（rustici）的一个标志（*R.R.*, i, 2, 14; i, 48, 2）；这无疑就是西塞罗提到的"乡音"（broad）（*De Or.*, iii, 12, 46）："因此，我们的考塔，苏尔皮西乌斯啊，他那种乡音，你并不是从来都不学，**把字母 *iota* 的发音抬起，又把字母 *e* 发得非常粗壮**，依我看，那不是在模仿古代的演说家，而是在模仿收庄稼的农民"（Quare Cotta noster, cuius tu illa lata, Sulpici, non numquam imitaris, *ut iota litteram tollas et e plenissimum dicas*, non mihi oratores antiquos sed messores uidetur imitari）。这种发音事实上仍保留在某些罗曼语词汇中——所以，法语 *voisin* 和古法语 *estoive* 源于 *uēcinus*, *stēua*（= *uīcinus*, *stīua*），就像 *voire* 源于 *uēre*，而不像 *vivre* 源于 *uīuere*。

"中介元音"（intermediate vowel）。① 证明这个元音存在的最著名的古代文献来自昆体良（Quintilian, i, 4, 8），其中有这么一段话："确有一个中介音处在字母 *u* 与 *i* 之间，因为，我们不像读 *opimum* 那样读 *optimum*"（Medius est quidam *u* et *i* litterae sonus; non enim sic *optimum* dicimus ut *opimum*）②（接受 B 组抄本的写法，

---

① 关于这个复杂难题的重要讨论，尤其要提到：P. G. Goidanich, in *Rendiconti della R. Accad. dei Lincei*, cl. di sc. mor., etc., ser. 8, v（1950），284 ff.; R. Godel, in *Cahiers Ferdinand de Saussure*, XVIII（1961），53 ff.; R. G. G. Coleman, in *Transactions of the Philological Society*（1962），pp. 80 ff.。

② 如 Goidanich 所示，在 *i* 和 "字母"（litterae）中间很可能应插入另一个 *i*，意思是"字母 *i* 的发音，处在 *u* 与 *i* 之间"。

2. 元音

如高达尼西〔Goidanich〕表明，语法学家讨论某个元音的任一特殊音质，通常都要将其与长元音的"自然"音质作比较，如在这里的 *opīmum* 中）。

对于理解所提出的难题，某种历史引论有其必要。

在上古时期，早期拉丁语中强调词首重音，导致后面音节中元音的弱化。这在中间轻音节中尤其明显，也就是说，非词首和非词尾音节包含一个短元音，后接最多一个辅音。这种元音弱化的影响十分明显。极端情况下会导致完全失去这个元音，如在与希腊语 δεξιτερός 密切关联的 *dexter* 中。但更常见的情形只是元音缩减为 *i*，成为所有元音中最不突出的元音，譬如 *cecidi*, *obsideo*, *capitis* 密切关联 *cado*, *sedeo*, *caput*。† 其他演变与不同的语境有关。所以，在辅音 *u* 前演变成 *u*，譬如 *abluo* 密切关联 *lauo*（亦参 *concutio*，密切关联 *quatio*）；同样，在"暗音" *l*（见页 33）前也变为 *u*，譬如 *Siculus* 密切关联 Σικελός。在 *r* 前演变为 *e*，譬如 *peperi* 密切关联 *pario*；同样，在 *i* 后也演变为 *e*，譬如 *societas* 密切关联 *socios*。在某些情况下，其中的元音似乎还会受某种"元音和声"（vowel-harmony）影响，譬如在芬兰语（Finnish）、匈牙利语（Hungarian）或土耳其语（Turkish）中——所以有 *alacer*, *celeber*，如此等等。

这些演变偶尔让人想起埃特鲁利亚语的某些特征，譬如，Achilles 这个名字会出现诸如 *aχle*, *aχile*, *aχale* 这样的变形。对于拉丁语而言，要点在于保留的元音缩减为一个绝对最小的音响（sonority），从而易受甚至十分细微的环境因素的影响。

在很多情况下，原初的完整元音（full vowel）类比相关形式得以恢复或保留，譬如 *impatiens*，*edoceo*，*admodum*，*integer*，*dedecus*，*consulis*，依据 *patiens*，*doceo*，*modum*，*integrum*，*decus*，*consul*（但规范是演变为 *i*，譬如在 *insipiens*，*ilico*，*consilium* 中）。

上述形式在古典时期未造成任何难题，因为无论本来的元音作何变化，后来又都保持了原样。但在某些环境下，早期拉丁语中的元音会变成一个 *u*，在晚期拉丁语中则倾向于变成 *i*；这种变化的最早例证是在纪元前 117 年，有铭文 *infimo* 密切关联 *infumum*。所讨论的语境是元音后接一个唇音（*m*，*p*，*b*，*f*）；其他例证有 *optumus*，*maxumus*，*septumus*，*tegumentum*，*documentum*，*facillume*，*lacruma*，*exaestumo*，*aucupium*，*surrupuit*，*manuplares*，*manubiae*，*pontufex*，*manufestus*，后来变成了 *optimus*，*maximus*，如此等等。

事实上，早期这些单词中的 *u* 变成 *i*，意味着它的音质必定与其他元音 *u* 不同，后者没有变化——如在首音节中，譬如 *numerus*，或者一个中间音节开始带有古典拉丁语的重音，如在 *recúpero*，*Postúmius* 中。[①] 在其他情况下，作为各种因素造成的结果，某个元音并未发生所期待的变化，又与继承下来的元音 *u* 结合关联起来（譬如 *possumus*，*uolumus*，*occupo*）；在某些情况下，结果发生了变化，较为古老的 *u* 却变得更为可取（譬如 *documentum*）。

看来相当肯定的是，在较早期阶段，相较于继承下来的短音

[①] *Lubet/libet* 和 *clupeus/clipeus*，很可能是特殊情况，其中的 *u* 由于其所处位置（前面是 *l*，后接唇音）而具有一种特殊音质，在拉丁语中也会在其他情况下造成特殊影响。

u，我们所讨论的音必定是 *u* 的一种更为中央化的变体，也就是说，更为前移的变体。我们可用符号［ʉ］来表示它。发音时会发生一种轻微的转移，将其引入音位 /i/ 而非 /u/ 的轨道。但甚至在此转移之后，它也不会与已存在的短音 *i* 完全相同，我们可用符号［ɨ］来表示它。按照正常进程，这个音很有可能很快进一步转变，与已存在的 *i* 结合；但坚持使用 *u* 书写更古老的变体，也许恰恰有助于保存了特殊的发音［ɨ］，至少在某些类型的言语中。也许朗古斯描述的就是这种情势，他说（K. vii, 50），抛弃 *u* 的旧式发音（也就是［ʉ］），"我们总是用字母 *i* 来修正那种发音的丰度，但还不至于将它完全读成字母 *i*"（usque *i* littera castigauimus illam pinguitudinem, non tamen ut plene *i* litteram enuntiaremus）。

在这样的词语中从 *u* 到 *i* 的正词法的正式转变，据说要归于恺撒（†瓦罗，引述于 Cassiodor(i)us, K. vii, 150；cf. Quintilian, i, 7, 21）；据说西塞罗认为更古老的发音和拼写"乡气"（rusticanum）（Velius Longus, K. vii, 49）。朗古斯（67）也提到，奥古斯都时期的铭文仍以 *u* 展示；但事实上 *i* 是《安居拉碑铭》（*Monumentum Ancyranum*）中的规范写法。

关于这个我们以［ɨ］记录的"中介"元音的真实音质，可谓莫衷一是。很多学者将其与希腊语的 υ 等而同之，这样一种音质可以从普利斯吉安的一段话中体会出来（K. ii, 7），似乎还有更早时期维克多利努斯的暗示（K. vi, 20，据施耐德［Schneider］猜测）："……古人一直读如 *proxymum*，但如今只有少数人才有的这种说话习惯消失了，因此，你们要用 *u*（或用 *i*）来记录这些音"

(...*proxymum* dicebant antiqui. sed nunc consuetudo paucorum hominum ita loquentium euanuit, ideoque uoces istas per *u*〔uel per *i*〕scribite)。但另一方面，昆体良特别提到，希腊语 υ 的发音在原生拉丁语词汇中不存在；甚至 *y* 也不用于记录"中介"元音，直到后来 *y* 和 *i* 完全混淆；在希腊语中也从不用 υ 来转写 *y*。

也许，确有其他词语为这个元音的音质提供了一条线索，据说这些词语中包含一个类似的音。所以，多纳图斯（Donatus, K. iv, 367），还有追随他的普利斯吉安（K. ii, 7），以同一个名称"中介音"（media）来归类这个音，它就在这些词语的元音之中，譬如 *uir*, *uideo*, *uirtus*，还有 *quis*，在这些词语中，*i* 前面有一个唇半元音（labial semivocalic sound）。在这种情况下，他们说，"元音 *i* 和 *u*……音看来彼此混合了"（*i* et *u* uocales...alternos inter se sonos uidentur confundere），或"它们并未发音"（expressum sonum non habent）。事实上，我们料想 *uir* 等词语中的语境会影响前元音 *i*，使其变圆：用朗古斯的话说（K. vii, 75），"写成 *i*，却几乎读如 *u*"（*i* scribitur et paene *u* enuntiatur）。① 希腊语的 υ 是一个前圆唇元音（见页 52），但无论长短，就其发音的闭合度和紧张度而言，很可能更接近拉丁语的长元音 *i* 而非短元音 *i*。另一方面，拉丁语的圆唇音 *i*，开口更大、更松弛，是典型的拉丁语短元音——所以，尽管与希腊语的 υ 相似到足以引起某种混淆，但敏锐的耳朵足以分辨其不同。

---

① 在同一个文本位置，据说，克劳迪乌斯皇帝（emperor Claudius）为这样的元音发明了一个特殊符号（Ⱶ），但这个段落毁坏严重，仅有的例证是，发现铭文中用这个符号来转写希腊语的 υ。

这个音与德语 *fünf*, *Glück*（相对于 *über*）中的"短音"*ü* 差别不大；也许与之更相像的是现代冰岛语（Icelandic）的发音，它是由古冰岛语的短音 *u* 演变来的。

英语读者最好不要尝试这个音。除了其确切音质疑问重重，很有可能甚至在古典时期，有些说话者也会用一个规范的短音 *i* 来代替"中介元音"[i]。就更晚一个时期而言，这种发音很可能获得上引维克多利努斯的说法支持。在罗曼语中，[i] 产生的同样的结果是 *i*（所以，*aurificem* 产生了意大利语 *orefice*，正如 *auriculam* 产生了 *orecchia*）；这也适用于如像 *uir* 这样的词中的元音（所以，法语 *vertu* 源于 *uirtutem*，就像 *cercle* 源于 *circulum*）。

进一步需要关注一点，本节讨论开头引述的昆体良那段话接着说道，"而在 *here* 中，既听不到完全的 *e*，也听不到完全的 *i*"（*et in here neque e plane neque i auditur*）。也就是说，昆体良在此也主张 *here* 的（词末元音）是一个"中介"元音——但它必定是一个不同的元音，介于 *i* 和 *e* 之间，就此可能作出多种解释。①

(ii) 双元音

ae 和 **au** 这是两个最常见的拉丁语双元音，与英语 *high* 和 *how* 中双元音的音质非常相像。*ae* 更早前写成 *ai*（譬如 *aidilis*，纪

---

① 譬如，有可能是这个词的变体 *here* 与 *heri* 的折中；或者有可能是前面的 *r* 影响词尾短音 *i* 的结果（参见页 51）。

元前3世纪），希腊语的规范转写是 αι，正如 au 以希腊语 αυ 转写。①新的拼写方式始于2世纪早期（譬如，aedem 和 aiquom 见于纪元前186年的同一段铭文）。拼写方式的变化，也许反映出这个双元音的轻微"狭窄化"（narrowing），元音音质有点远离其起点 a——事实上，情况非常像英语中类似的双元音。确证这个双元音音质的人有昆体良（i, 7, 18），后来还有司考鲁斯（Terentius Scaurus, †K. vii, 16），后者评论这个双元音通行的终点是 e 而非 i。在更晚一个时期，这个双元音的发音保存在日耳曼语（古高地德语 keisar）和威尔士语（praidd 源于 praedium）借用词中。

在阴性变格词尾中，ai/ae 源于一个早期双音节形式 āī，后者有时候保存或以仿古风形式由普劳图斯（而非泰伦斯）、恩尼乌斯、卢基里乌斯、西塞罗、卢克莱修复兴，并稀见于《埃涅阿斯纪》（譬如 aulāī, iii, 354）；这种形式遭到马提亚尔嘲笑（xi, 90, 5）。

au 的双元音音质还被普利斯吉安证实（K. ii, 38f., 109）。在更早一个时期，以 a 作为双元音的起点，得到铸币职官名——"金银铜币三人铸造官"（triumuiri auro argento aere flando feriundo）的头韵体（alliterative formula）支持。

尽管如此，在乡村地区，ae 和 au 还是演变为 ē 和 ō 类型的长中单元音（long simple mid vowels）。这一点我们由各种当代的参考文献可知，诸如卢基里乌斯的 "Cēcilius prētor ne rusticus fiat"（不要让凯基利乌斯成为一个乡巴佬裁判官）（1130 Marx），还有瓦

---

① 还有 αυ, αου。

罗提到"拉提乌姆乡村的"（in Latio rure）*hēdus*（小山羊）(*L.L.*, v, 97)。关于 *au*，我们有斐思图斯（Festus）的词条"鲷鱼，鱼属，名称出于金子的颜色，农民将 *aurum* 读如 *orum*，所以，也将 *auriculas* 读如 *oriculas*"（Orata, genus piscis, appellatur a colore aurum, quod rustici orum dicebant, ut auriculas oriculas）。还有铭文证据，譬如在 *Cesula* — *Caesulla*, *Pola* = *Paulla* 中（约纪元前184年）。就前元音而言，至少演变的结果很可能是中开元音（open mid vowel）。温布里亚语（Umbrian）也表明有演变为开元音 $\bar{e}$ 和 $\bar{o}$ 的证据。

在某些词语中，乡村形式渗入了城市拉丁语（由标准的长元音 $\bar{e}$ 和 $\bar{o}$ 表明），甚至在很早一个时期。所以，*lēuir* 源于印欧语言 *daiwer*（*l* 也有迹象出于乡村，？萨宾语 [Sabine]）；而就 $\bar{o}$ 而言，譬如 *lōtus* 密切关联 *lautus*，还有西塞罗书简中的 *pōllulum*, *ōricula*（*Fam.* xii, 12, 2；*Qu. Fr.* ii, 13 [15a], 4）。在文雅的言谈中，不出所料，有大量"矫枉过正"的情形，引入 *ae*, *au* 表示原初的 $\bar{e}$, $\bar{o}$，譬如 *scaena*（以及铭文 *scaina*）和 *scaeptrum*，表示 *scēna* 和 *scēptrum*（源于希腊语 σκηνή, σκῆπτρον）——因此，有进一步的瓦罗对 *obscaenum* 的词源解释（"这个措辞源于舞台……因为，除非在舞台上，就不应大声喧哗"[dictum ab *scaena*...quod nisi in scaena palam dici non debet]，*L.L.*, vii, 96）。同样，*plaudo* 表示 *plodo*，在此 *au* 不可能是原来就有的，否则复合词就不会是 *explodo*，而是 *explūdo*，如此等等（如 *conclūdo* 源于 *con-claudo*）。昆体良（vi, 1, 52）特别提到，旧喜剧常常以一位演员说一声

"请大家拍手"（*plōdite*）讨得掌声结束（尽管在普劳图斯和泰伦斯的抄本中都编写成 *plaudite*）。苏托尼乌斯（viii, 22）也有一则关于维斯帕先（Vespasian）的故事，说有一位弗洛鲁斯（Mestrius Florus）教他要读成 *plaustra* 而非 *plostra*，第二天见面打招呼，他叫他 "Flaurus"。

在帝国时期，*au* 似乎在非重读音节中经历了一种特殊的转变，从而当后接音节包含一个 *u* 时，双元音中的 *u* 倾向于失去——因此，铭文 *Agustus* 表示 *Augustus*，如此等等。这种形式表现在罗曼语中，譬如意大利语 *agosto*；同样，*ascoltare* 源于 *auscultare*（尽管语法学家卡佩尔认为 "是 *ausculta*，而非 *asculta*"，K. vii, 108）。

在晚期拉丁语中，*ae* 的单元音化（monophthongization，也就是说，缩减［reduction］为一个单长元音［monophthongization］）变得普遍，但所形成的元音却是一个中开元音 ę（如已在乡村方言中见到的那样），在罗曼语中也形成了同样的短音 *e*（见上文页 48）。尽管如此，双元音 *au* 在罗曼语世界的某些地区仍有留存，并仍然存在于罗马尼亚语、南意大利语和西西里语（Sicilian）中（譬如西西里语 *tauru*），普罗旺斯语（Provençal）中也有；葡萄牙语（Portuguese）显示有一个中介阶段的 *ou*；尽管法语将双元音 *au* 单音节化为 *o*，却必须保持长音足够长，从而将 *c* 变成 *ch*，譬如在 *chose* 中，后者源于 *causam*（就像 *char* 源于 *carrum*，不像 *caur* 源于 *cor*，或 *queue* 源于乡村语言 *codam* = 古典拉丁语 *caudam*）。†

oe 这个双元音的例证相对较少，因为，早期拉丁语 *oi* 在大多

数情况下都变成了 *ū*；残留见于铭义 *comoine* = *communem*, *oino* = *unum*（纪元前 186 年；亦参古拉丁语 *noenu*(m) = *nōn*，源于 *n(e) oinom*）。尽管如此，*oe* 仍留存于 *poena*（密切关联 *pūnire*），*Poenus*（密切关联 *Pūnicus*），*moenia*（密切关联 *mūrus*），*foedus*, *foetor*, *oboedio*, *amoenus*, *proelium*（这些词语中的大多数，*oe* 前的唇音意义重大）；还有 *coetus*, *coepi*，其中的双元音起于缩合（*cŏitus*，譬如 Ovid, *M.*, vii, 709；*cŏēpit*, Lucr. iv, 619）。在 *comoedia* 中，*oe* 代表希腊语的 οι，而在 *Phoebus* 中代表希腊语的 οι（亦如在 *poena* 中，它源于希腊语 ποινή，*Poenus* 源于 Φοιν-）。

oe 的双元音音质得到司考鲁斯的证实（K. vii, 17）。拼写由 *oi* 变成 *oe*，无疑与由 *ai* 变成 *ae* 有同样的根据；其发音不可能与英语 *boy* 中双元音的发音有特别大的不同。缩合形式 *proin(de)* 想必也包含同样或非常相似的音。

在晚期拉丁语中，*oe* 与 *ae* 一样，也变得单音化了，但变成了 *ē* 而非 *ẹ*，如罗曼语的演变所表明的那样（譬如，意大利语 *pena* 源于 *poenam*，就像 *vero* 源于 *uērum*，而不像 *cielo* 源于 *caelum*）。一个中介阶段无疑就是 [ō̃]。

在晚期铭文中，这样的形式如 *foetus*, *foemina*, *moestus* 表示 *fētus*, *fēmina*, *maestus*，我们可以简单视其为将 *oe* 变成了一个单元音的错误拼写；但仍有可能它们也许反映了前面的唇辅音引入了一个唇（*o*）元音–滑音（vowel-glide）的影响，*coelum* 和 *coena* 这样的拼写表示 *caelum*, *cēna*，基于认为它们源于希腊语 κοῖλον, κοινή（参见 Plutarch, *Qu. Conv.*, 726E：τὸ...δεῖπνόν φασι κοῖνα διὰ τὴν κοινωνίαν καλεῖσθαι [……膳食，据说，要在共同体中享用，故而称为 κοῖνα]）。

ui　这个双元音已联系辅音 *u* 讨论过了（见页 42）。英语中没有这样的双元音，但用一个短元音 *u* 和一个 *i* 合成它并不困难。在 *huius*, *cuius* 中，我们与其说有一个双元音，还不如说是由一个短元音 *u* 后接两个辅音 *i*（见页 39）。

eu　这个双元音的形式限于 *neu*, *ceu*, *seu*，感叹词 *heu* 和 *heus*，还有希腊人名和借用语，诸如 *Orpheus*, *Europa*, *euge*, *eunuchus*。英语中没有与之对应的双元音，但听起来有点像某些南部方言中如 *ground* 这样的词当中的发音。这个音也许由一个短音 *e* 和一个短音 *u* 结合而成；无疑必须避免的发音是读如英语 *neuter* 中的 [yū]，① 这是错误地将这个双元音转换成了一个辅音和一个长元音的前后相继。

当这个双元音后接一个元音时，如在源于希腊语的 *Euander*, *Eu(h)ius*, *eu(h)oe* 中，*eu* 并不代表一个双元音，而是短音 *e* 后接一个双辅音 *u*（参见页 42），**注意：不是**长元音 *ē* 后接一个单元音 *u*。

ei　这个双元音只出现在缩合形式中，诸如 *deīn(de)*（譬如 Ovid, *M*. ix, 143）, *de(h)īnc*（*Aen*. i, 131）, *anteīt*（Ovid, *M*. xiii,

---

① 拉丁语 *neuter* 通常是三音节，也就是 *nĕŭter*。

366），re͡ice（*Ecl.* iii，96），aure͡is（*Aen.* i，726），还有第五变格缩合属格和与格单数形式 re͡i，如此等等。发音就像英语 *deigned*，*rake*，*race* 等中的双元音——尽管很有可能发音起点上开口程度相对较大。

关于 *eius*，如此等等，见页 39；而关于古拉丁语的 *ei*，见页 53。

ou　这个双元音仅见于缩合形式 *pro͡ut*（Horace，*Sat.*，ii，6，67）。① 发音由短音 *o* 和 *u* 组成，有点像英语 *go* 中 *o* 的发音——尽管很有可能也在发音起点上开口程度较大。

---

① 古拉丁语的 *ou*，在纪元前 3 世纪变成了 *ū*；但仿古风拼写偶尔见于铭文（譬如 *ious* 密切关联 *iudicem*，纪元前 123 年）。

3. 元音音长
Vowel Length

(i) 概述

标准拉丁语正词法不区分短元音和长元音。这一不足，在古代并非没有引起重视，也做过各种尝试以使书写更能体现言说。第一种设计是将长元音（像长辅音那样）重写。此项规定作为一种标准惯例，要归于阿克奇乌斯（Accius），他大概是从奥斯坎语中采用了此规定，这在奥斯坎语中司空见惯。所以，譬如 paastores（纪元前 132 年），leege, iuus（纪元前 81 年），铭文例证事实上大致覆盖了纪元前 135 年至前 75 年这一时期，除了 uu 这种情况一直在持续使用，尤其在第四变格形式中（譬如 lacuus），甚至偶见于抄本。除此之外，这种用法在阿克奇乌斯死后不复存在。†

没有哪个时期，在纯净的拉丁语铭文中发现有 oo 代表长音 ō 的情形。一则法利斯坎语（Faliscan）铭文中有 uootum，但由于在法雷里（Falerii）发现了阿克奇乌斯（约纪元前 180 年）前的铭文形式 aastutieis，后者也许有独立的法利斯坎语来源。① 缺少 oo 也许纯属

---

① 名字 Μααρκος，还有 Maarcus，见于纪元前 197 年以来，这无疑是在模仿奥斯坎语惯例。

偶然，但应当注意 o 并不见于原生奥斯坎语字母，所以缺乏先例。

也没有出现 ii 表示长音 ī 的情形，但我们知道在这种情况下，阿克奇乌斯建议写成 ei（†Mar. Victorinus, K. vi, 8：要记住［参见页 54］当时原初的双元音 ei 一开始与长音 ī 等而同之）。这种拼写持续到了帝国时期；但从苏拉（Sulla）时代以降，出现了表示长音 ī 的"长 I"(I longa)，书写高出其他字母行之上，譬如 FELICI（尽管如此，后来这个符号的用法变得十分广泛）。

差不多到共和国晚期，一种新的设计出现——所谓"元音符号"（apex）置于元音字母上；尽管如此，这个符号未出现在元音 i 上，直到纪元后 2 世纪。这种符号外形多变，但有一种像扬音符号（´），是帝国时期的典型符号，而 ɔ 或 ↄ 是共和国时期的典型符号。†

除了这些并非绝对无误和仅偶尔引述的标志，我们关于拉丁语元音音长的知识有各种来源。在"开"音节中，也就是说，在元音后接辅音不多于一个的音节中，格律通常会提供线索；因为，如果这样一个音节是重音节，元音必定是长音，而如果是轻音节，则元音必定是短音。但在闭音节中，格律则提供不了任何帮助，也就是说，当元音后接两个或更多辅音时，因为，格律将表明在任何情况下这都是一个重音节；①因此，处在这个位置上的一个长元音，有时候据

---

① 在清破裂音+流音组合中（见页 89），格律证据的音质在各个时期都不相同。在普劳图斯和泰伦斯那里，一个轻音节指示前面有一个短元音，而一个重音节指示前面有一个长元音（除了在复合词如 ab-ripio 中）；尽管如此，在扬抑抑格诗中，只能说一个轻音节指示前面有一个短元音。

说有"隐性音量"(hidden quantity），就此必须探究其他证据。‡

(ⅱ) 隐性音量

可知的这种证据类型（除了铭文标志）或可分类如下：
（1）语法学家或其他作家的特定陈述；
（2）希腊语转写；
（3）历史音韵学考察；
（4）罗曼语中的演变。

ns，nf 前的元音。某些情况下，一种或多种证据也许能够让我们建立起或多或少具有普遍性的规则。一条这样的规则关涉 ns 和 nf 组合前的元音。由于已讨论过的历史原因（参见页 28），在此情况下的元音总是长音；这一点也已由元音符号和长 *I* 的频繁使用得以显明。① 我们亦可由这种类型的希腊语转写见得：κηνσωρ, Κωνσεντια（同样还有 Plutarch, *Rom.*, xiv, κωνσουλας, κωνσιλιον; *Qu. Conv.*, viii, 6, μηνσα）。还有出自大量当代论述的支持。对于以 *con* 或 *in* 开头的词，西塞罗（*Or.*, 159）评论说："以 *sapiente* 和 *felice* 这些词语的首字母起首的词语，前缀 *in* 要拉长发音……*consueuit*……*confecit* 这些词的前缀也一样要拉长发音"〔quibus in uerbis eae primae litterae sunt quae in *sapiente* atque *felice*,

---

① 甚至也可以在词组中见得，如 In *spectaculis*, In *fr(onte)*。

in producte dicitur...itemque *consueuit...confecit*]。对西塞罗的观察，后来的作家亦有回应（Gellius，ii，17；iv，17；Diomedes，K. i，433；Servius，K. iv，442）。就现在分词（present participles），普罗布斯（K. iv，245）和庞培提出了同样的规则（K. v，113："每个分词都有一个长音节，如 *docens* 和 *scribens*"［omne participium longam habet syllabam，ut *docens*，*scribens*］）。普罗布斯还提到（K. iv，6），在以 *ns* 结尾的名词和形容词中，元音是长音（与此类似，Bede，K. vii，230）。还有零星文献涉及其他语境中 *ns* 和 *nf* 前的元音音长。

法语词形如 *enseigne*，*enfant*（源于 *insignia*，*infantem*），表明词首 *i* 是短元音。尽管如此，由于口语在此语境中失去了 *n*（参见页 28），这种词语必定涉及一个后来类似于重新引入的 *ĭn*，在此语境中按照规范使用短元音；同样可以按 *cŏnsilium* 设想法语 *conseil* 的发音（合乎规则的演变见于 *coûter*，源于 *cōstare* = 古典拉丁语 *cōnstare*）。这些晚期拉丁语词形其实比古典拉丁语更为合理，**既保持了元音音长又保持了** *n*，如西塞罗关于古典拉丁语形式的评论那样（前引书），"你要是较真，就会斥之为误读；你要是倾听，这样读就是对的"（Consule ueritatem，reprehendet; refer ad auris，probabunt）。

nct，nx 前的元音。同样合乎规范地拉长元音的做法发生在 *nct* 之前，也可作出类似的解释。很可能在此语境中，*c* 首先缩减为一个擦音[χ]（就像德语中的"清软腭擦音"），① 而在此擦音前同样出现了失去 n 的情形，同时将前面的元音鼻音化并拉长，就像在擦音 s 和 f 前那样。所以，譬如，quinctos 变成了 quinχtos，从而有了 quĩχtos；结果[χ]失去了，又因为 ĩ 后接一个破裂音而非一个擦音，元音的鼻音化反过来又为 n 所取代——从而有了 quīntus 这个真实存在的词形（与此类似，借用词 spinter 源于希腊语 σφιγκτήρ）。② 尽管如此，在所有这些情况下，失去的 c 都类比其他词形得以恢复，但保留了长元音——因此，譬如 sānctus, cīnctus, fūnctus 依据 sancio, cingo, fungor；quīnctus 也依据 quinque 得以恢复（类比 quīnque 补充拉长了其首个元音），但这个词形很少出现，除了在派生的人名 Quīnctus, Quīnctius 中。首个元音拉长得到铭文证据的有力支持，譬如 sánctus, fúncto, cInctus, extInctos, seiúnctum, quIntus, quInque（亦参 Queinctius 和 κοειντος）。就 ūnctus，盖里乌斯提到它的元音音长（ix, 6），就 quīnque, quīntus，则有罗曼语的演变展示（法语 cinq 等，古法语 quint）。③

在 coniúnx, coniúnxit 中可以看到，也有一个长元音带有音标。

---

① 参温布里亚语 rehte ＝拉丁语 recte。
② 可切近类比日耳曼语中的一种演变，但不同之处在于，在此演变中，鼻音首先失去，譬如哥特语的 þagkjan，古英语的 þenkan (think)，过去时态是 þāhta, þōhte (thought)，源于共同日耳曼语（Common Germanic）þaŋχta。
③ 但譬如法语 point, joint, teint，指示着晚期拉丁语 pŭnctus, iŭnctus, tĭnctus，按现在时词形类化使用短元音。在晚期拉丁语中，c 再次失去了——譬如 santus, cintus；这种失去也反映在罗曼语词形中。

如果这很可能代表一种合乎规则的在 nx（= ncs）前的语音演变，①想必原因与在 nct 前一样。②

x，ps 前的元音。 "隐性音量"也可以在确定的词形学类型的词语中得到证实。所以，由于各种历史原因，它存在于大多数 x-完成时态中——如 *uēxī*（比较梵语 *avakṣam*），*rexī*，*texī*，*intellēxī*，*neglēxī*，*dilēxī*，*trāxī*，*dīxī*（比较希腊语 ἔδειξα），*fīxī*，*uīxī*，*conīxī*，*dūxī*，*flūxī*，*strūxī*，*lūxī*，还有古拉丁语 *conqueīxī*；同样，在 *scrīpsī*，*nūpsī*，*sūmpsī*，*dēmpsī*，*prōmpsī*，*cōmpsī* 中。尽管如此，在 *coxī*，*flexī*，*nexī*，*pexī*，*plexī*，*amixī*，*conspexī*，*(re- etc.)*，*allexī* (*pell-*，*ill-*) 中，还有在 *contempsī* 中，元音很可能是短音。在此，元音音长的证据来自铭文（*réxit*，*téxit*，*tráxi*，*adouxet*，*perdúxit*，*uIxit/ueixit*，*dIxI*，*scrIbsI*），来自缺乏词中省略（syncope）（*perrexi*，*surrexi*，密切关联现在时态 *pergo*，*surgo*，源于 *per-rĕgo*，*sur-rĕgo*）；元音 *ē* 的情形，有出于普利斯吉安的陈述做证（K. ii, 466: e.g. *rēxi*，*tēxt*），尽管所涉及的文本段落中包括一些无效论证。

在名词和形容词主格单数中，若在其他变格中包含一个长元音，则元音在词末 x 和 ps 前是长音（所以，*rēx*，*uōx*，*pāx*，*atrōx*，*fēlix*，*audāx*，*tenāx*，*plēbs* 等，如 *rēgis*，*uōcis*，*plēbis* 等，但是，譬如在 *nŏx*，*caelĕbs*，as *nŏctis*，*caelĭbis* 等中是短音）。这

---

① 普利斯吉安（K. ii, 466）详细解释了 *uĩnxi*；但就像他对 *mănsi*，*trăxi*（同前）的解释，这无疑是类化现在时态。

② 但在那种情况下，恢复 n 必定与类化恢复 c 有关，因为 s 不像 t，不会引起这种演变。

一点有铭文展示支持——譬如 réx（还有 ρηξ），léx, plébs；除了语法学家零星提及元音长短之特例，还有普利斯吉安的总结陈述（K. ii, 323），"反观属格方能确定在主格中 x 前的元音之长短"（ad genetiuum respicientes dicunt produci uel corripi uocales ante x positas in nominatiuo），还有（K. ii, 326）"将词末是 ms, bs, ps 或 x 的次末音节……变短，如果元音在这些辅音前发短音"（corripiunt...penultimam in ms uel bs uel ps uel x desinentia, si uocalem breuem ante eas consonantes habuerint）。

sc 前的元音。在动词词缀 -sc- 前，元音几乎在所有情况下都发长音（nōsco, crēsco, pāsco, nāscor, quiēsco, obliuīscor, rubēsco, nancīscor, 等等）；pŏsco, dĭsco, compĕsco 以及古拉丁语ĕscit，很可能是例外，同样，mĭsceo 中的 sc 很可能源于更为复杂的辅音组合。这条规则盖里乌斯有概括说明（vii, 15），亦有铭文词形支持，诸如 créscéns（还有 Κρησκης）, consenésceret, nótésceret, d(esc)Iscentem, náscerer, quiéscere, oblIuIscemur, erceiscunda；词中音节不弱化也指示 hiasco 中是 ā（否则会变成 hiesco）。

"拉赫曼法则"。在讨论反复动词（frequentative verbs）时（actito, dictito 等），盖里乌斯（ix, 6; cf. xii, 3）提到，ago, lego, scribo 的过去分词中是长元音（āctus, lēctus, scrīptus），但 facio, dīco, ueho, rapio, capio 的过去分词中是短元音（făctus, dĭctus, uĕctus, răptus, căptus）。在其卢克莱修评注（i, 805）中，

3. 元音音长

拉赫曼（Lachmann）将此观察总结为一条法则："若现在时态时用浊塞音，则分词要读长音"（ubi in praesente media est, participia producuntur），也就是说，在过去分词中元音要拉长，如果现在时态词干末尾是浊破裂音（ag-, leg-, scrīb-，相对于 fac-, dīc-, ueh-, rap-, cap-）。这条法则有时候称为"拉赫曼法则"。

尽管如此，这样一条法则也太过宽泛了；正如马尼（Maniet）最近的严密表述，① 他是这样说的："一个短元音，除了 i，要拉长，作为消隔前面的 g 的结果，但承认对排除元音要有犹豫"（Une voyelle brève, à l'exception de i, s'est allongée à la suite de l'assourdissement d'un g précédant", tout en admettant une certaine hésitation en ce qui concerne l'exclusion de la voyelle i）。所以，这条规则如今主要限于现在时态词干末尾是浊软腭破裂音（voiced velar plosive）（在过去分词的 t 前要清音化），而且基本上不适用于有元音 i（元音中最不重要的音）的词中。这条如此表述的规则，事实上适用于 āctus, lēctus, tēctus, rēctus, tāctus, frāctus, pāctus（源于 ago, lego, tego, rego, tango, frango, pango），相对于 făctus, iăctus, uĭctus, dŏctus, păctus, -spĕctus, amĭctus, -lĕctus, frĭctus, sĕctus, enĕctus, mĭxtus, relĭctus, cŏctus, uĕctus, trăctus, căptus, rŭptus, răptus, ăptus（源于 facio, iacio, uinco, doceo, paciscor, -spicio, amicio, -licio, frico, seco, enico, misceo, relinquo, coquo, ueho, traho, capio, rumpo, rapio, apiscor）。进而言之，

---

① 见 *Hommages à Max Niedermann*（1956），页 237。

元音音长，相较于现在时态，在 *lūctus*, *sūctus*（源于 *lūgeo*, *sūgo*）中得以保持，但在 *dŭctus*, *dĭctus*, *ĭctus*（源于 *dūco*, *dīco*, *īco*）中失去了。

尽管如此，如马尼所提示的那样，元音拉长不发生在 *strĭctus*, *pĭctus*, *fĭctus*, *mĭctum*（源于 *stringo*, *pingo*, *fingo*, *mingo*）中，却在 *fīctus*/*fīxus*, *frīctus*, *-flīctus*（源于 *fīgo*[①], *frīgo*, *-flīgo*）中得以保持。这种保留想必是类化现象，也可以解释为，当现在时词干末尾是一个浊破裂音而非 *g* 时，分词中是长元音——如 *scrīptus*, *nūpta*, *lāpsus*（源于 *scrībo*, *nūbo*, *lābor*）。在 *frūctus*（源于 *fruor*）中，印欧语的现在时词干末尾是圆唇软腭音 g^w，各种类化无疑可以说明 *strūctus*, *flūcxus*/ 古拉丁语 *flūctus*, *uīctum*（源于 *struo*, *fluo*, *uīuo*），也可以说明 *pāstus*（源于 *pāsco*）。长元音也显见于 *ēmptus*（据 *ēmi*），*sūmptus*, *dēmptus*, *prōmptus*, *cōmptus*（据 *sūmo*，等等）。

元音拉长的情况，同样发生在有 *-t-* 词缀的其他词形中，诸如 *lēctor*, *āctito*。元音拉长的原因，按照（经过修正的）拉赫曼法则，相当不确定，但元音音长完全得到证实，†除了盖里乌斯的证据，[②] 也为铭文和罗曼语中的演变所证实。譬如铭文 *léctus*, *áctĪs*, *infráctá*, *récté*, *téctor*, *lúctú*, *adflĪctus*, *scrĪpta*, *dĪlápsam*, *fĪxa*, *frúcto*, *paastores*, *redémpta*（还有 ρεδηνπτα），*consúmpta*。罗曼语证据见于，譬如法语 *toit*, *droit*（源于 *tēctum*, *dirēctum*），相对于

---

① 古拉丁语中其实是 *fiuo*，所用 *u* 源于印欧语的 g^w。但是注意，*nĭxus*（还有 *nĭctare*）源于 *(co)nīueo*，这里的 *u* 源于印欧语的 g^wh。

② 也包括 *strūctus*。*ampléctor* 中是短元音，尤为普利斯吉安（K. ii, 25）所证实（比较希腊语 πλέκω）。

lit，dépit（源于 lĕctum，"床"，despĕctum）。

有些困难见于一些铭文使用了长 I，如在 ulctor 等中。但引入长 I 有可能仅仅是"为了装饰碑刻"（ad titulum exornandum et decorandum）；① 还可以发现譬如 optImae, condIdit, Inuicto, 尤其是 Imp(erator)，其中肯定没有元音音长的问题，目的想必是为了加强所赞美的品质、活力和人格。†

罗曼语证据对 dĭctus 造成困难。所以，意大利语 detto 和古法语 beneoit（英语 Bennet(t)）指向 (bone)dictus，但法语 dit，西班牙语 dicho，指向 dīctus。‡ 解释总是确定的：规范词形是 dĭctus，但也有类化词形使用长元音（据 dīco, dīxi）这样的演变；确证这一点的是，源于 dictare 的各种演变只显示短元音。

也有强有力的内在证据支持长元音，无论出于拉赫曼法则，还是以其他方式引起的。所以，在由 actus, tactus, fractus, pactus, lapsus, pastus 构成的复合词中，没有表现出"弱化"为 e 的情形，其他情况下可以预期在中间音节中会有此变化，譬如是 contactus 而非 contectus（源于 con-tango → contingo），相对于 confectus, detrecto, deiectus, compectus（源于 con-paciscor），correptus, ineptus（←in-aptus，源于 apiscor）。同样的证据显示，拉赫曼法则也适用于虚拟语气 adāxim 中的 s 前（源于 ad-ago→adigo），相对于 effĕxim（源于 ex-facio → efficio）；这显然不适用于 ăxis（参 Charisius, K. i, 11），因为它与 ago 的关联太遥远；而且不能确定是否 magnus 的 mag- 为

---

① J. Christiansen, *De apicibus et I longis*, p. 36.

maximus 引入了一个长元音（铭文仅有一例）。

还需要注意，在 *coactus* 中没有发生元音缩合，因为，如果 *a* 是短音（就像在现在时态中 *cōgo* 源于 *co-ăgo*），就会发生元音缩合。

拉赫曼法则和相关案例的重要性不应被低估。因为，*actus* 的发音使用如像 *factus* 中的短音 *a*，就像使用 *refectus* 中的 *e* 来读 *redectus* 一样不合语法。碰巧拉丁语字母区分 *a* 与 *e*，却不区分 *ā* 与 *ă*——在此类案例中，格律证据并不揭示错误。

gn 前的元音。人们通常错误地认为，拉丁语中的元音在辅音组合 gn 前合乎规则地发长音。这一信条基于普利斯吉安的一段话，但这显然是篡入语，错失了普利斯吉安的要点。①

普利斯吉安（K. ii, 81）在讨论形容词的构型，这些形容词源于以 -*ia* 结尾的专（地）名，这个词尾前是 *n* 以外的辅音。他说，形容词由后缀 -*īnus* 构成，使用了长音 *ī*（"如果……在 *ia* 前有除 *n* 以外的辅音，就会在 *nus* 前从中引出一个长音 *i*，如 *Luceria Lucerīnus*，*Nuceria Nucerīnus*，*Placentia Placentīnus*"［Si...ante *ia* aliam quam *n* habuerint consonantem, *i* longam habent ab eis deriuata ante *nus*, ut *Luceria Lucerīnus*, *Nuceria Nucerīnus*, *Placentia Placentīnus*］）。他进而说，这同样适用于 *Anagnia Anagnīnus*，尽管词尾前有个 *n*，因为按照他的解释，它并非单个的 *n*，而是一个组合 *gn*（"*Anagnia*，确有一个 *g* 在 *n* 前面，故而有 *Anagnīnus*"［*Anagnia*

---

① 对这段话的详尽讨论，参见 F. d'Ovidio in *Archivio Glottologico Italiano*, x（1886—1888），443 f.。

quoque, quia g ante n habet, *Anagnīnus*]）。接着进一步直接举例，诸如 *Alexandria Alexandrīnus*，随后几个例证（先于 K. ii, 79 中的讨论）中的词缀是 *-(i)tanus*。然后才是我们要讨论的段落："还有，词尾是 *gnus* 或 *gna* 或 *gnum*，次末音节就是长元音，如源于 *regno* 的 *rēgnum*，源于 *sto* 的 *stāgnum*，源于 *bene* 的 *benīgnus*，源于 *male* 的 *malīgnus*，还有 *abiēgnus*, *priuīgnus*, *Pelīgnus*"（*Gnus* quoque uel *gna* uel *gnum* terminantia longam habent uocalem penultimam, ut a *regno rēgnum*, a *sto stāgnum*, a *bene benīgnus*, a *male malīgnus*, *abiēgnus*, *priuīgnus*, *Pelīgnus* ）。这段话之后进一步简短讨论了专名，没有遵循前述规则（所以，源于 *censor* 有 *Censorīnus*，而非 *Censoriānus*，这是按 K. ii, 78 的讨论所期待的词形）。

关于 "*gnus*" 的段落的篡入性质，强有力的证明是其不切题地中断以讨论专名，尤其是派生形容词有 *-inus* 词缀的那些专名；还有在专论形容词的一章中引述名词（由 K. ii, 68 开始——第八章《论所有格形容词》[*De Possessivis*]）。这明显跑题了，普利斯吉安在讨论 *Anagnīnus*，其中并非先于 *gn* 的元音是长音，而是其后的元音是长音。

就篡入的文字本身而言，重要的是关注所选择的例词。就 *regnum*, *stagnum*（源于 *stāre*），*abiegnus*，按历史和音韵学根据，我们或许期待在任何情况下都是长元音（亦如在 *segnis* 中，参见页 24）；其他例词难以判定——但不管匿名作者的说法对不对，还有各种例词他并未引用——诸如 *agnus*, *magnus*, *ignis*, *dignus*, *lignum*, *ilignus*, *ignotus*, *cognatus*, 等等；就其中有些例词而言，至少历史证据明确支持其中是短元音。e 变为 i，显示早期在 ignis, dignus, lignum, signum, ilignus 中是短元音（参见页 23）；罗曼语证据指示，较晚期在 dignus, pignus, pugnus, lignum, signum 中有一个短元音（譬如意大利语 degno，法语 poing）；还要注意狄奥美德斯（Diomedes, K. i, 470）所示的 dīgnitas，还有希腊语转写如 κογνιτου。因此，看来很可能篡入者所言作为一条普遍规则并不成立，他失之于引述更多例证。

铭文证据很有趣。我们不出所料在 régna 等（还有纸莎抄本 ségnis）中发现长音；另一方面，我们从未发现像 magnus 这么普通的词标有一个长音 a。唯一例外的词形是 prīuīgno（与篡入文本一致），dīgne, sīgnum/seignum。在所有这些词中，所涉及的都是 i，这也适用于篡入文本中有疑问的例证。如果我们不简单斥之为长音 Ī 的误用，这些拼写和篡入者的例证也许都有某种语音学根据。

73　　我们已然看到，gn（=[ŋn]，参见 23 及其以下）前的短音 e 早已闭合为短音 i（如在 leg-nom→lignum）；而且并非没有可能，同样的语音环境会持续对短音 i 发生闭合性影响，从而导致一个属于长音 Ī 的音质，尽管不具有其音长（参见页 47 以下）。这能够很好地说明偶尔将这个 i 解释和写成 ī 的原因。①

若这个解释正确，不出所料我们偶尔会发现，铭文在其他语境的 [ŋ] 前有以长音 ī 表示短音 i 的情形（但不涉及其他元音），也就是说，在 ng, nc, nqu 前（参见页 27）。事实上，帝国时期，

---

① 注意还有铭文 pīgmen(tum)（参见页 25）。

我们的确见过这种情形，即 sIngulas（CIL, ii, 1964）, sIng(ulos)（x, 5654）, CIncia（vi, 14817）, CInciae（vi, 14821; xiv, 806）。Cincia 词源未知，但 singuli 的确源于 sĕm-（如在 semel 中），也因此有短音 i。① 我未发现这样的情形会使用其他元音。

那么，我们可以稳妥地说，rēgnum, stāgnum, sēgnis, abiēgnus 中的元音是长音，但很可能任何情况下在 gn 前都**不是**长音。

r+ 辅音前的元音。有时候人们认为，在此语境中元音也要拉长。确实，在某些情况下元音是长音，但同样很明显，在大多数情况下并非如此。罗曼语证据普遍指示一个短元音。语法学家特别提及或暗示在这些词中是短元音：arceo, arcus, arma, ars, aruus, arx, parco, pars, seruus, uirtus（事实上，庞培 [K. v, 285] 称 ārma 是一种"不纯正发音" [barbarismus]）。人们发现这样的希腊语转写：πορτα, πορκος, φορτιν（源于 fors）; exerceo, inermis, excerpo, peperci 这种类型的词形，通过将元音弱化为 e, 表明 arceo, arma, carpo, parco 中的 a 是短音。

明显的例外有 forma, ordo, ornare, 对于所有这些词语，罗曼语证据都指向 ō（譬如意大利语 forma 的 o 是闭口音，相对于

---

① 亦可见 prIncipi（ix, 5702; xiii, 1644）。根据其源出于 prīmo-caps, 通常认为它有一个长元音；罗曼语证据时可引述支持这一点（譬如意大利语 principe）。但这些罗曼语词形原本借自拉丁语，因此不可作为派生证引用；塞维乌斯（K. iv, 426）和庞培（K. v, 130）其实证实了 prīnceps 使用了短音 i。因此，这个词为 [ŋ] 前的元音闭合提供了更进一步的例证。但是，并未排除这样的可能性：古典拉丁语的词形使用长元音，后来它变短了。

fǫrte 的 *o* 是开口音）；元音长音在此也由铭文得以证实：*órdines* 等，*órnátum* 等，以及 *fórma*（比较 φωρμη，*fōrmula* 也由多纳图斯证实，见 *In Ter. Phorm. prol.* 26）。有几个 *firmus* 中使用长 *I* 的例子，但这与罗曼语证据相抵牾（意大利语 *fermo*，等等）。有强有力的铭文证据支持 *Mars* 中是长元音（*Mártis*，等等），还有 *Marcus*（*Maarcus*，Μααρκος，*MárcI*，等等），还有 *quartus*（*quártus*，等等），而且没有理由怀疑，这些拼写有某种语音学根据。也有词源学理由支持下列词语中是长元音的主张：*furtum*，等等，还有 *sursum*, *prorsus*, *rursus*, *larua*（三音节词 *lārua*，见于普劳图斯），*iurgare, purgare*（*iūrigandum, pūrigas*，见于普劳图斯），也许还有在 *ardeo* 中。

词末 m 前的元音。在大多数语境中（参见页 30），词末 *m* 缩减为前面的元音的鼻音化发音，这个元音同时也拉长了。可是，我们必须考虑那些 *m* 得以保留的情况下元音的长度（参见页 31），也要注意到，大多数讲英语的人很可能会发出词末 *m* 这个音，这是更为普遍的情况，省略的情况是例外。

词末 *m* 前的元音，事实上总是短音。就 *-um* 而言，这一点由下述事实得以表明：它源于古拉丁语 *-om*（譬如，*sacrom→sacrum*），正如 *-us* 源于 *-os*（参见页 18）；这种变化只对短元音起作用；甚至在 *o* 原初就是长音的地方，如在属格复数中（比较希腊语 -ων），它也会变成短音，从而产生 *-um*。就其他元音而言，短音为普利斯吉安的一项明确表述所证实（K. ii, 23）："可是，同样的 *m*，在它之前，按照本质，在同一音节中从不会容许（元音）发长音，

如 *illam*, *artem*, *puppim*, *illum*, *rem*"（numquam tamen eadem *m* ante se natura longam (uocalem) patitur in eadem syllaba esse，ut *illam*, *artem*, *puppim*, *illum*, *rem*）。最后一个词中是短元音，可由法语 *rien* 证实（如 *bien* 源于 *bĕn(e)*，而不像 *rein* 源于 *rēn*）。

其他。有很多其他词语未落入上述任何范畴，它们的长"隐性音量"，合理地为页 65 上列举的一种或多种证据所证实。现将其中最常见的词语列述如下（不包括已讨论过的词形）：

Āfricus, *āstutus*, *ātrium*, *bēllua*, *bēstia*, *corōlla*, *delūbrum*, *ēbrius*, *ēsca*, *ēs ēst ēsse*, 等等（源于 *edo*）①，*exīstimo*, *fāstus*, *fauīlla*, *fēstus Fēstus*, *frūstra*, *iūstus*, *lātrina*, *lābrum*（"盆"，而 *lăbrum* 是"唇"），*lātro*（"树皮"，而 *lătro* 是"盗贼"），*lībra*, *līctor*, *lūstrum*（"赎罪"，而 *lŭstrum* 是"巢穴"），*mālle*, *Mānlius*, *mercēnnarius*, *mīlle*, *mīluus*, *nārro*, *nōlle*, *nūllus*, *nūndinae/-um*, *nūntius*②, *ōlla*, *ōsculum*, *ōstium*, *pēluis*, *Pōllio*, *prīscus*, *pūblicus*, *Rōscius*, *rōstrum*, *rūsticus*, *sēstertius*, *Sēstius*, *stēlla*, *trīstis*, *ūllus*, *uāllum*, *uēndo*, *uīlla*, *uīscera*.

或许有必要指出，没有任何证据表明 *classis* 中有一个长元音；

---

① 但在源于 *sum* 的词形中是短元音（普劳图斯作品中第二人称单数的重音量是由于使用了双重辅音 *ess*）。

② 早期是 *nountius*（从词源学角度，料必出自 *nouentios*），据维克多利努斯（K. vi, 12）；但罗曼语证据显示，后来变成了 *nŭntius*。同样，*cŏntio* 由狄奥美德斯所证实（K. i, 433），尽管这个词也许原先有一个长元音（源于 *couentio*），亦如 *princeps* 之情形（见页 73）。罗曼语证据同样指向 *ŭndecim*，尽管 *ū*（源于 *ūnus*）很可能在古典时代一直存在。

支持其中有长元音的说法，仅仅基于假定其词源是希腊语 κλῆσις，第一个作此主张的人是哈利卡纳苏斯的迪奥尼修斯（Dionysius of Halicarnassus, *Ant.*, iv, 18）。

区分 *uāstus* 意为"浪费"与 *uăstus* 意为"巨大"，也仅仅基于不充分的词源学证据。

(iii) hic 与 hoc

在《温莎的风流妇人》(*The Merry Wives of Windsor*) 第四幕第一景中有一段话，这是埃文斯爵士（Sir Hugh Evans）在考查他的学生威廉（William Page）的拉丁语：

埃文斯：出借冠词的人，威廉，应该怎么说？

威廉：冠词是从代词借来的，有如下变格：单数主格是 *hic*, *haec*, *hoc*。

埃文斯：主格是 *hig*, *hag*, *hog*。

一番问答之后，女仆隗克丽（Mistress Quickly）反对说："你大错特错，教孩子这样的言语。还教他饮酒（hick）和嫖娼（hack），这个不用教他们也很快就学会了。"★这表明在莎士比亚的时代，*hic* 与 *hoc* 发短元音。碰巧这么发音（不过 *haec* 并不如此发短音！）是正确的，尽管如今像 *hīc* 与 *hōc* 这样的词以长元音发音的情形并不少

★参照梁实秋译本译出：《莎士比亚全集》，第一卷，台北：远东图书公司，1996，页 85—87。女仆按英语发音来听师徒两人对话中的拉丁语，故有此理解。——译注

见①（甚至在词典中也是如此标示的）。

这些词形源于古老的代词，阳性 *hŏ*/中性 *hŏd*② 加一个指示小品词（deictic particle）*ce*（比较 *ecce*, *cĕdo*），构成早期的 *hĭce*（短元音在单辅音前弱化）和 *hŏcce*（将 *d* 同化为 *c*）。这些词形固化于普劳图斯和泰伦斯的疑问组合词 *hici-ne*, *hocci-ne* 中。词末的 *e* 失去，形成了 *hĭc*, *hŏcc*（如在其他常见的词语中那样，譬如 *fac*, *dīc*, *nec*）。

这些词形为铭文中的 *hic*（还有此前的 *hec*，参见页 49）和 *occest*（=*hocc est*）。*hic* 中的短元音由下述事实得以表明：在普劳图斯的作品中，这个词在以元音开头的词前有轻音量，*hocc* 在以双元音开头的词前简化，甚至简化拼写在元音前也普遍化了（奥古斯都时期的铭文 *hoc est*）；但辅音在元音前继续读两次，在所有时期的诗歌中产生重音量，没有例外。

尽管如此，在 *hic* 中，*c* 在元音前读两次是在相当早的时期，这是类化 *hocc*（恩尼乌斯、卢基里乌斯、维吉尔等均如此），而且这是规范的古典拉丁语词形（亦参铭文 *hicc est*）。旧词形维吉尔仍然偶尔使用，结果也是轻音量（所以，*Aen.*, iv, 22; vi, 791；还有 Tibullus, i, 10, 39）。

词形 *hicc* 和 *hocc* 都由语法学家所证实。朗古斯（K. vii, 54）明确指出："尽管我们说 *hic est ille*，我们写一个 *c* 却听到两个 *c*，这一点在诗韵中显而易见"（cum dicimus *hic est ille*, unum *c* scribimus

---

① 尽管如此，*hīc* 作副词（早先是 *heice*）正确，*hōc* 作夺格才正确。
② 词尾请比较梵语 *sa*, *tad*（希腊语 ὁ, τό；英语 *that*）。

et duo audimus, quod apparet in metro）；关于《埃涅阿斯纪》（ii, 664）他又说：" *hocc erat alma parens* 应当写两个 *c*，或应当承认，写法读法不一"（scribendum per duo *c hocc erat alma parens*, aut confitendum quaedam aliter scribi aliter enuntiari）；因为如果只读一个 *c*，他指出，这行诗就不合律（not scan），因为其中的元音是短音。普利斯吉安（K. ii, 592）确定存在旧词形 *hocce*，并联系维吉尔的同一段诗评论说："因此，诗人们习惯于拉长 *hoc*，就好像形成了两个辅音 *cc*……（K. iii, 6）但粗率的书写遗漏了一个 *c*"（unde *hoc* quasi duabus consonantibus *cc* sequentibus solent poetae producere... (iii, 6) sed scriptorum negligentia praetermisit unum *c* ）。

因此，相当确定，*hic* 和 *hoc* 的发音应当总是短元音；当 *hoc* 出现在一个词首元音前时，它的发音就应当用 *cc*；除了某个诗人以古老方式将 *hic* 作为一个轻音节来处理，它在元音前也应当以 *cc* 发音。所以，譬如维吉尔《埃涅阿斯纪》卷六行 129：*hŏcc opus*；卷四行 591：*hĭcc ait*。然而，这些词的重音量，要归于辅音而非元音的音长。

4. 元音关联
Vowel Junction

一个词末元音后接一个词首元音,① 每一个元音都保持其在音节中的音质,它们的发音在拉丁语中称为"**元音分读**"(*hiatus*)。但如我们所知,这种关联在拉丁语诗歌中一般要避免,除了强顿(strong pauses),也就是说,在诗行末尾,以及偶尔在诗行中主要的节律停顿处(at main caesurae)。在散文中,昆体良(ix, 4, 33 ff.)不反对偶尔元音分读("有时候元音分读也是合宜的,还能造成某种更为恢宏的气势,如 '*pulchra oratione acta*'"[nonnumquam hiulca etiam decent faciuntque ampliora quaedam, ut "*pulchra oratione acta*"]);西塞罗(*Or.*, 150, 152; cf. *Her.*, iv, 18)似乎较少容许元音分读,但他的实践并不完全支持他的规则。

主要难题关涉替代元音分读的做法,就是将两个音节缩合为一个。语法学家谈及在这种情况下完全失去末音节的情形(譬如,†Marius Victorinus, K. vi, 66);② 还有一位语法学家(Sacerdos,

---

① 为此,在元音中,我们还包括双元音、鼻音化的词末元音(参见页 30)以及送气的词首元音和双元音(参见页 43)。
② 参考文献收集在斯特蒂文特和肯特(Sturtevant and Kent)的《拉丁语散文和诗歌中的省音与元音连读》("Elision and Hiatus in Latin Prose and Verse")中,见《美国语文学学会会刊》(*Transactions of the American Philological Association,* XLVI[1915], 129ff.)。

K. vi, 448）实际引述了这样的词语序列：*menincepto*，*monstrhor-*（表示 *mene incepto*，*monstrum horrendum*）。对这种失去音节的情形所给予的总体术语是"**元音省略**"（*elisio*），相应于希腊语的 ἔκθλιψις，尽管语法学家们大多称其为"**元音融减**"（*synaliphe*/συναλοιφή）。这样的"元音省略"尤其与"元音缩合"（contraction，'*episynaliphe*' 或 συνεκφώνησις）形成对照，后者如 a͡eripedem 表示 *aëripedem*。†

尽管有这些陈述，现代作者们仍然拒绝相信在这种情况下末音节会完全失去，因为这样很可能会模糊含义。这个论据并非完全无效；趋近一个词的末尾，音倾向于变得更为"冗余"（redundant），也就是说，按照已说出的部分可以预见；甚至在语法的曲折变化中，意义也往往可以由语境中的其他要素推知（所以，在印欧语言中司空见惯的情况是，末音节在语音上弱，并且倾向于同化、缩减或失去）。① 譬如，在《埃涅阿斯纪》前一百行中，据说元音省略有可能引起歧义的只有两处——没有哪一处的元音省略"可以察觉会改变这个段落的含义"②。进而言之，普劳图斯（*Curc.*, 691）似乎有意以此方式引入歧义，以便利用 *cum catello ut accubas*（你和小公狗睡在一起）与 *cum catella ut accubas*（你和小母狗睡在一起）的语音双关。

---

① "冗余"的另一要素是频繁出现，就拉丁语辅音而言，这无疑可以说明词末的 *m* 和 *s* 特殊的语音弱化（参见页 30, 36），在梵语中也有类似现象。

② 斯特蒂文特和肯特（Sturtevant and Kent, pp. 137 f.），相反需要注意，譬如普劳图斯《安菲特律昂》（Plaut., *Amph.* 278）。

4. 元音关联

那些认为这种"元音省略"极好的人提出，词末元音只是弱化到不占用可以觉察的时间之程度。尽管如此，这种说法没有证据，在任何情况下都难以确定如此最微弱的发音——姑且认为有可能——足以消除任何所推想的歧义。

省略短元音的情形，在希腊语中当然也有对应现象；我们可以与法语和意人利语中定冠词的用法相比较。但省略长元音或双元音的情形诚然更为令人称奇，而拉丁语的诗歌结构似乎显示，尽管语法学家有论述，在古典时期元音省略并非一成不变。

在以元音（无论长短）开头的重音节前，没有明显废除词末长元音（包括鼻音化元音）的情形；但在以元音开头的轻音节前，这些词末元音相对少见。对这种关联的一项有趣研究出自布伦纳（L. Brunner），[①]所据资料超过 53000 行六音步诗，范围从恩尼乌斯到奥维德，核对人是西多（A. Siedow）。[②]研究涵盖了 16671 例元音关联，其中 9871 例词末是短元音，2981 例词末是长元音或双元音，3819 例词末是元音 +m（也就是鼻音化元音）。但在长短短格音步中（dactylic feet），词末长元音和双元音仿效音步的首音节，譬如：

$$\overset{1}{imm\bar{o}}\underset{}{\smile}\overset{2}{\breve{a}}\overset{3}{ge},$$

---

①《论拉丁语诗歌中长元音的省略》("Zur Elision langer Vokale im lateinischen Vers")，见《赫尔维提亚博物馆》(*Museum Helveticum*, XIII [1956], 185 ff.)。

②《论拉丁语六音步诗中运用分读来省略元音》(*De elisionis aphaeresis hiatus usu in hexametris Latinis*, Dissertation, Greifswald, 1911)。不幸的是，布伦纳误以为西多以"**浊塞音**"(*mediae*) 范畴指 mihĭ, ubĭ, modŏ 这样的"**模糊音**"(*ambiguae*)；事实上，西多将后者算作短音，而以前者指以 m 结尾的音节。

这种情形仅有 387 例[①]，而仿效音步的第二个音节，譬如：

$$\overset{1\ 2\ 3}{anul\bar{o}\_\breve{e}questri},$$

这种情形仅有 20 例；元音 +m 的例证分别有 434 和 64 例，而相应的短元音的例证分别有 2342 和 1455 例。

在 immo age 类型中，只有小部分涉及的屈折变化词尾不是 -ī 或 -ū；约一半涉及连词或普通副词，譬如 ergo, certe；第二大类（约 70 例）涉及的词尾是 ī；还有几例词尾是 ū。这些实例很容易解释，如果倾向于可以避免完全省略长元音屈折词尾，但屈折词尾 ī 或 ū 可以通过"音节缩合"（synizesis）弱化为半元音（=［y］,［w］）。这样一种缩减，与前面的辅音形成了一个音组（group），会使得前面的音节总是成为重音节（譬如在维吉尔那里，genua labant=［genwa］, abiete crebro=［abyete］)，所以，如果这样一种缩减在这里的位置是在音步中，则只能用在任何情况下前面的音节都是重音节的地方，譬如：[②]

$$\overset{1\ 2\ 3}{perturb\bar{a}r\bar{\imath}\_\breve{a}nimo}=\text{[-bārya-]}, \overset{1\ 2\ 3}{r\bar{\imath}t\bar{u}\_\breve{o}culisque}=\text{[rītwó-]}.^{2}$$

尽管如此，在轻音节之后，如在 anulo equestri 类型中，这种处理方式是不可能的——事实上，在此关联涉及末尾的 ī 或 ū，仅有三种情况，譬如：

$$\overset{1\ 2\ 3}{tantul\bar{\imath}\_\breve{e}get.}$$

[①] 这个数字不包括《维吉尔附录》(Appendix Vergiliana) 和《奥维德托名著作》(Ps.-Ovidiana)。

[②] 当然，这种设计过去常常能用来在一个关联前生造重音节，但这显然不可接受（不像运用词内音节缩合那样）。

因此，看上去一个词末长音 *ī* 或 *ū* 与一个词首元音的关联，通常涉及词末元音的缩合。尽管如此，需要统计查验紧接着一个长短短格的末音节的位置；我们预料这样的关联在此位置上也很少见。

同样的材料显示，在词末是长元音的情况下，规范关联是与紧接着的元音缩合；这不可避免会形成一个重音节，所以，要排除一个长短短格第一和第二两个音节的位置。后一种情况出现的次数少，表明事实上避免了省音；前一种情况出现的次数较多，很大程度上可以由下述事实得到说明：在此位置上，很多是连词和普通副词，形式是长长格（spondaic）（尤其是 *ergo*，*quare*，*quando*，*certe*，*longe*，*immo*，*porro*，*contra*），感觉不到其中有反对省略词末元音的理由；还有很多情况涉及人称代词，也涉及习惯用语组合如 *aequo animo*，这里的第一个词的屈折变化词尾可以省略而不会造成歧义。

所以，看来真正的元音省略基本局限于词末短元音；† 词末长音 *ī* 和 *ū* 合乎规范地发生音节缩合（譬如，*odī et amo*＝［ōdyet-］；*aspectū obmutuit*＝［-ektwob-］）；其他词末长元音和双元音①与词首元音和双元音缩合形成一个长单元音或双元音，尽管这一过程的细节只能猜测；②‡ 词末是鼻音化元音的情形，想必会导致鼻音化的

---

① 事实上只涉及 *ae*。
② 也许作为一个要素，涉及词末长元音的缩短，如 *sub Iliō altō*，或（Ter.）*dĕinde*，源于 *dē-inde*（*insulae Ionio* 当然不属于元音缩短之情形，而是将双元音的第二个成分当成一个半元音）。

可以由词内关联就缩合之结果获得某种灵感，诸如 *dēgo* 源于 *dē-ago*，*cōgo* 源于 *co(m)-ago*，*prōmo* 源于 *prō-emo*，*mālo* 源于 *mā(u)olo*，*coetus* 源于 *co(m)-itus*，*deinde* 源于 *dē-inde*，*praetor* 源于 *prae-itor*，*praemium* 源于 *prae-emiom*。

缩合。①

82　　但可以肯定，至少在诗歌中，元音省略的原则有向长元音和双元音扩展之情形，格律上的考虑使这一点不可避免；†在任何情况下，都没有反对某些种类的词发生元音省略的理由，诸如连词和普通副词，还有处在密切相关的词之间的词。②

　　另一方面，没有排除这种可能性：元音结合和元音缩合，也可以有选择地应用于词末短元音，若在此位置上节奏不妨碍这么做。在维吉尔（而非奥维德）那里，似乎有某种要避免词末短元音与轻音节中的词首短元音关联的倾向——这一点可以得到解释，如果维吉尔偏爱元音缩合而非元音省略。维克多利努斯（†vi, 66）似乎也设想过这种可能性，因为他提到（以术语 συνεκφώνησις［元音结合］）*Phaëthon*，*aureīs* 类型的词内元音缩合，接着又提到（以术语 κρᾶσις［元音融合］）类似的词语关联现象，如在 *quaecumque est* 中，尽管明显只是在元音一样的情况下。

　　尽管如此，如果英语读者选择在所有元音关联情况下都适用元音省略，从而避免其他解决方法固有的不确定性，他无论如何不会比某些拉丁语语法学家更远离古典时代的惯例；‡这样的读法真导致歧义的情况也非常之少。

---

① 昆体良有一项暗示：鼻音化在散文中有某种连音分读音质（ix, 4, 40），这一点部分由譬如 *circuitus, circumeo* 得到确证（*animaduerto*）。还要注意，譬如恩尼乌斯的 *milia militum octo, dum quidem unus homo*，贺拉斯（*Sat.*, ii, 2, 28）*cocto num adest*？

② 在此情况下元音完全省略的情形，亦参复合词 *magnŏpere, animaduerto*，源于 *magnō opere, animum aduerto*。

5. 重音
Accent*

很少有人不同意上古拉丁语重音是一种重读重音（stress* accent），这个重音落在词的首音节上。其影响见于非重音音节中（unaccented syllables）元音失去或弱化之情形，在其他某些语言中，这些非重音音节是典型的强重读音节（strong stress），譬如，比较英语 had 与哥特语 habaida。所以，譬如 aetas, pergo, quindecim 源于 áeuotas, pérrego, quínquedecem；conficio, confectus 源于 cónfacio, cónfactus；incīdo, conclūdo 源于 íncaedo, cónclaudo。或许这种词首重音残留在如 făcĭlĭă、cĕcĭdĕrō 这种形式的抑扬格诗歌（senarius）中，尽管有争议。

但可以肯定，到了古典时代，支配重音位置的法则完全变为符合通常所谓"次末音节法则"（Penultimate Law）。按此，多音节词的重音落在次末音节上，如果次末音节有重音量（heavy quantity）；或落在次次末音节（antepenultimate）上（不考虑音量），如果次末音节是轻音节，[①] 譬如 con-féc-tus, con-fi-ci-o。

---

① 应当记住，在规范的拉丁语口语中，清破裂音＋流音组合（参见页 89）总是属于随后的音节，所以，前面的音节包括一个短元音就是轻音节（譬如，是 té-ne-brae 而非 te-néb-rae）。

尽管这些规则相当明确，语法学家的表述也无歧义①（参见†Quintilian, i, 5, 30），关于历史上的重音的**性质**仍有某些争议，也就是说，它属于一种重读（如在上古拉丁语或现代英语中那样），还是属于音高（musical pitch）（就像在古典希腊语中那样）。

后一种观点主要是法国学者的主张，有很多古代材料中的说法支持，譬如瓦罗（塞尔吉乌斯的引述，见 K. iv, 525 ff.）："以音高来分辨重音，而词的一个部分，要么低沉，要么高扬"（Ab altitudine discernit accentus, cum pars uerbi aut in graue deprimitur aut sublimatur in acutum）。但细查之下显而易见，拉丁语术语直接迻译自希腊语（accentus=προσῳδία, acutum=ὀξύ, graue=βαρύ）；尤有进者，在语法学家的说明中，普遍全盘接纳了希腊语的重音系统，并将其应用于拉丁语。除了西塞罗，②一律采用希腊语的περισπώμενον[末音节扬抑音]作为（**弯**）**曲符号**（[circum]flexum），③瓦罗（同上，528 ff.）甚至将成问题的"中介音"（μέση，拉丁语 media）包括在内。希腊语在扬音（acute）与扬抑音（circumflex）之间作出选择的规则也被应用于拉丁语；所以，庞培（K. v, 126）将 árma : Mûsa 辨识为 ἄρμα : Μοῦσα，而普利斯吉安（K. ii, 7）将 hámīs : hâmus 辨识为 κώμοις : κῶμος。的确不可思议，拉丁语会演

---

① 古代对拉丁语重音的大部分观察，由绍尔（F. Schoell）收集在《莱比锡语文学会年鉴》（*Acta Societatis Philologae Lipsiensis*, vi, 1876）中。对现代讨论的观察，见莱普斯基（G. C. Lepscky）的论文，载于《比萨高等师范学院年鉴》（*Annali della Scuola normale superiore di Pisa*: Lettere, etc., ser. ii, xxxi [1962], 199 ff.）

② 参见 Schoell, pp. 33 f.。

③ 参见 Schoell, pp. 79 ff.。

化出一个音高重音（pitch accents）系统，在如此细微之处与希腊语相符合，我们只能认为语法学家这是在完全照搬希腊语的重音系统来描述拉丁语（正如希腊语语法学家在音高早已变成了重读[stress]之后，仍在按音高这个术语来描述希腊语重音）。因此，拉丁语的有关说法与应用于希腊语的说法非常相似，这是一个尴尬的难题，而非对拉丁语应有一种音高重音这个想法的一项支持。

事实上，并非所有语法学家都遵循希腊语为模范。在塞维乌斯那里（†K iv, 426），我们见到的明确表达是"重音所在音节**发音更高**"（Accentus in ea syllaba est *quae plus sonat*），此项表达的重要性由提及一个"**奋力发音**"（*nisum uocis*）而加强（亦参Pompeius, K. v, 127）。这样的描述固然出现较晚（约纪元后400年以降），却很有可能追溯到更早期的材料。[①]上古的拉丁语重音，如我们所见，是一种重读重音；罗曼语的演变，失去了非重音元音，表明了与晚期拉丁语同样的处境（比较 *ciuitatem* →意大利语 *città*）；在普罗布斯那里我们已然见到，譬如，"*oculus*, *non oclus*"（是 *oculus*，而非 *oclus*）（比较意大利语 *occhio*）。这似乎不大可能：上古的重读重音会为音高重音取代，而后者很快又为重读重音所取代。缺乏元音减损之情形，作为历史上拉丁语重音的一个结果，常被引以为反对那一时期存在重读重音的论据；但应当注意的是：（*a*）重读重音并不必然和总是具有这种音效，（*b*）这样的音效也许基于重读的力度，（*c*）此种音效的运作需要时间（譬如在日耳曼语中，估计末音节的

[①] 参见索梅尔（F. Sommer），《正音》（*Kritische Erläuterungen*, p. 27）。

减损率大概是一莫拉［mora］，也就是说，一个短元音或半个长元音，历经 500 年）。无论如何，甚至在此历史时期当中，事实上可以观察到某些此类音效：譬如 *disciplīna*（密切关联 *discípulus*）中重音前失去元音，*sinístra*（密切关联更早期的 *sinístera*）中重音后失去元音，*nostrás*（密切关联更早期的 *nostrátis*）中末音节是重音。此外，保守标准拼写也会完全掩盖中音省略之情形，或导致我们将其归属于某一更晚时期。

也有强有力的普遍理由，认为拉丁语重音在类型上不同于希腊语重音。在希腊语中，适合于采用音高重音，其位置和变化仅基于那些能承载音高变化（换句话说，能"唱"）的音节成分，也就是说，主要基于元音和双元音。所以，譬如 αὖλαξ 是次末音节扬抑音，就像 οὗτος，而不像 αὕτη 次末音节是扬音，尽管事实上末音节是重音节，也就是说，关键是 αὖλαξ 末音节中的元音（α）是短音；同样，δίσκος 是次末音节扬音，就像 ξίφος，而不像 ῥῖγος 是次末音节扬抑音，尽管首音节是重音节，因为 ξίφος 中的元音（ι）是短音，而 δίσκος 中的 σ 不能承载音高变化。另一方面，在拉丁语中，只有音节音量具有相关性；无论音节的音重（heaviness of the syllable）由长元音或双元音所致，还是由辅音结尾所致，均无不同（参见页 89）。所以，*re-líc-tus* 与 *re-lā́-tus* 重音位置一致（而与 *ré-li-go* 不同）；*c* 不像长音 *ā*，无法承载音高变化，却无干扰。［拉丁语］与希腊语重音系统的反差不可能更大，语气重只是有利于音节重读，而非如在希腊语中那样支持元音音高。总而言之，（参比页 7）语言倾向于具有音高重音或重读重音，也要依据是否涉及将长元音和双元音分析为"莫拉";在希腊语中是这样,在拉丁语中却非如此——至少这很有可能使希腊语具有音高重音,使拉丁语具有重读重音。

拉丁语与希腊语还有一个更进一步的重要对比在于这一事实:在拉丁语六音步诗的最后两个音步中,诗人们越来越致力于诗行强音(verse ictus)与语言重音(linguistic accent)一致。这显示拉丁语的强音与重音之间有某种共同之处,而最有可能的共同要素就是重读。

† 具有启发性的还有所谓"短长格发短音"(iambic shortening),或"短长格短音"(breuis breuians)。在拉丁语多音节词中,重音落在轻音节上只是"不得已而求其次",在所有这种情况下,紧随其后的音节也是轻音节(属于 *fácilis* 类型)。一个重读的轻音节之后紧接一个重音节的模式,某种意义上明显不是拉丁语的典型特征;如果真出现这种情况,如在双音节词中,就有一种通过将末音节轻音化来调节的倾向。所以,古拉丁语的 *égō*, *cítō*, *módō* 变成了 *égŏ*, *cítŏ*, *módŏ*;同样,*bénĕ*, *málĕ*, *dúŏ* 源于 *bénē*, *málē*, *dúō*(但是,譬如 *lóngē*, *ámbō*,首音节是重音节,不受影响);因此,也有可供选择的形式 *sibĭ*, *ibĭ*。在口语中,轻读末音节的倾向更为常见,清楚见于普劳图斯和泰伦斯,譬如命令语气 *ámă*, *pútă*。这种重音后的弱化本身极为强烈地暗示了重读重音;出自普劳图斯和泰伦斯的格律证据甚至更具启发性,轻读也许不仅影响末尾长元音(因此变成了短音),也影响双元音(譬如 *nóuaĕ*),甚至影响"位置"重音节(譬如 *uélĭnt*, *ádĕst*, *sénĕx*)。在后面这些例证中,几乎无可置

疑要"发短音"（所以向来使用的符号是˘而非˅）；此现象根据发音时力量的减少更好理解。这种影响明显与重读重音有特殊关联。①

还要谈谈拉丁语重音位置的某些特点。在有些词语中，本来重音在次末音节上，末音节元音失去后，重音就保持在现在的末音节上，譬如 *nostrás*, *illíc*, *adhúc*, *addúc*, *tantón*（源于 *nostrátis*, *illíce*, *adhúce*, *addúce*, *tantóne*）。这同样适用于完成时态的缩合形式 -*át*, -*ít*，源于 -*áuit*, -*íuit*，譬如（Lucr., vi, 587）*disturbát*，铭文 *munít*。

当非重读后接成分（-*que*, -*ue*, -*ne*, -*ce*）附加到主词上时，构成一个类似新词的组合，因此在某些情况下要考虑重音移位，譬如 *uírum*，但 *uirúmque*（如 *relínquo*）。这种移位很多语法学家都讨论过，② 但后来总结为一个法则：附加一个非重读后接成分之后，总是转而重读主词的末音节（譬如，卡佩拉引述瓦罗［Martianus Capella, iii, 272］："……附加的成分，其特点是重读附加于其上的末音节"［...particulas coniunctas, quarum hoc proprium est acuere partes extremas uocum quibus adiunguntur］），譬如 *Musáque*, *lìmínáque*，重读音节本来是轻音节时，如果将结合后的词当成一个

---

① "短长格发短音"（iambic shortening），在普劳图斯和泰伦斯那里，会越过密切关联的词语之间的边界，譬如 *bén(e) ĕuēnisse, quíd ăbstulisti*。

在多音节词中，重音前不止一个音节，就很可能有一个次重音（譬如 *sùspicăbar, Carthăginiénsis*，参见弗兰克尔［E. Fraenkel］,《强音与重音》［*Iktus und Akzent*］, pp. 351 f.）。而当次重音落在一个轻音节上时，它也可能导致"短长格发短音"，譬如 *àmĭcítiam, uèrĕbămini, uòlŭptătes, gùbĕrnăbunt*（亦参 Livius Andronicus, 11: *Clùtăeméstra*）。

② Schoell, pp. 135 ff.

单词，按照规范此音节上就不会有重音。这条规则适用于轻音节，庞培对此有明确讨论（K. v, 131）；但事实上，语法学家引用的近乎所有例证都是 *uirúmque* 类型的——几乎唯独以上引两个例词★为重读轻音节的例证，尽管出现于不同文献之中。

也有人提出，这个普遍规则事实上是语法学家的一种合理化①（或许因为"瞥见"了希腊语的 Μοῦσά τε，等等），而譬如 *Musaque* 的重音位置过去是 *Músaque*。支持这种看法的事实是，这样的组合通常见于六音步诗的第五音步，我们料想在此位置强音和重音一致（同样，在萨福体诗［sapphics］的第四行中）。在 *liminaque* 等词语中，所预料的重音是 *líminaque*；但可能在这种模式的结合中，主词的重音得以维持，或许次重音就在后接成分上；可以在维吉尔诗中注意到常见的模式 *líminaquè*，*laurúsque*，如此等等。②

尽管如此，也不能排除类化重音的可能性，如 *bonǎque* 根据 *bonúsque* 模式，如此等等。普利斯吉安特别论及这种类化，在复合词 *utrǎque*，*plerǎque* 中，重音依据 *utérque*，*plerúsque*（K. ii, 181）："三类意有共同之处"（communis trium uult esse generum）。但疑问在于，

★ 指 *Musáque, limináque*。——译注

① 这也同样适用于有些语法学家所说的重音区分，以区别否则就会完全相同的形式，如 *ítaque* 意思是"因此"（therefore），而 *itá-que* 意思是"但如此一来"（and thus）；*pōne*（命令语气），*pōné*（副词）；或 *quále*（疑问副词），而 *quālé*（关系副词）。

② 关于这些问题，尤参瓦格纳（C. Wagener），《新语文学评论》（*Neue Philologische Rundschau*, 1904, pp. 505 ff.）。

这些类化是否适用于古典时代。①

除了非重读后接成分式的结合，其他某些密切关联的词语组合，为确定重音之目的，倾向于作为统一体来对待。我们由语法学家的论述可知，②某些连词上有重音，譬如 at, et, sed, igitur（后者事实上很有可能由诸如 quid agitur?〔怎么回事？〕这样的表达中的 agitur 弱化元音而来）。当后接一个变格由其支配的名词时，介词在确定重音时也要考虑在内；③因此可以看到铭文有 intabulas 这样的书写形式，写成了一个词；普劳图斯和泰伦斯还有 apúd me, patér mi 这种类型的非重读后接成分式的重音确定方式。同样的情形也适用于习惯上和语法上关联的词语，诸如 morém gerit, operám dare；但我们对这种现象所知有限，很大程度上以并非总是明确的格律证据为根据。④

---

① 类似的考量适用于三音节词的属格和呼格词形，如 Valérius，据盖里乌斯（Gellius, xiii, 26, 1），在他的时代（纪元后 2 世纪），属格和呼格都读如 Valéri。同一段落引述了费古鲁斯（Nigidius Figulus），在纪元前 1 世纪，据说这种重音形式只适用于属格，从而有别于呼格 Váleri。但这些考量无其他作家支持，在普劳图斯和泰伦斯那里也无格律证据支持次末音节重音。

② 参见 Schoell, pp. 194 ff.。

③ 参见 Schoell, pp. 177 ff.。

④ 全面讨论参见弗兰克尔（E. Fraenkel）《拉丁语韵诗中的强音与重音》（Iktus und Akzent im lateinischen Sprechvers）。

6. 音量
Quantity†

正如音长（length）是元音的属性，音量（quantity）是音节的属性，尽管拉丁语中的音长与音量之间有密切关联，但这两种属性应明确区分。

当一个音节包含一个长元音时，它自然是"重"（heavy）音节，譬如 *pōtus*, *pāctus* 的首音节。但当它包含一个短元音时，其音量则取决于这个音节尾（syllable-ending）的特点：如果它以元音结尾，这个音节就是"轻"（light）音节，譬如 *pĕ-cus* 的首音节；如果它以一个辅音结尾，这个音节就是重音节，譬如 *pĕc-tus* 的首音节。拉丁语中，为了确定一个音节是以一个元音结尾（"开"音节）还是以一个辅音结尾（"闭"音节），必须运用以下规则：

（1）两个或两个以上前后相继的辅音，至少第一个辅音属于前一个音节（也就是说，前一个音节闭合，如在 *pĕc-tus*, *pāc-tus* 中）；这条规则当然也适用于复辅音（譬如 *ăn-nus*）。

（2）处在元音之间的单个辅音，从属于紧接其后的音节（也就是说，前一音节是开音节，如在 *pĕ-cus*, *pō-tus* 中）。

这些规则并不必然意味着音节之间的划分精确符合这些要点，而是堪当全部实用之目的。

上述规则（1）有一个例外。‡如果一个破裂音辅音（*p*, *t*, *c*, *b*, *d*, *g*）后接一个流音（*r*, *l*），要么这个组合中的两个辅音，可以像其他任何组合那样，划分到前后两个音节中去（譬如 *păt-ris*，所产生的首音节是重音节）；要么这个组合中的两个辅音可以作为一个整体属于后面的音节（譬如 *pă-tris*，所产生的首音节是轻音节）。在拉丁语口语以及早期拉丁语诗歌中，后一类型的音节划分成为规范；但在长短短格诗句中（甚至显而易见在西塞罗句式[Ciceronian clausulae]中）①，也引入前一类型，效法希腊语模范。所以，在普劳图斯和泰伦斯那里，譬如 *lŭcrum* 的首音节总是轻音节（也就是说，读如 *lŭ-crum*），但在恩尼乌斯那里我们已然发现，*nĭgrum* 的首音节要合律（scanned）就得是重音节（也就是说，读如 *nĭg-rum*）；在维吉尔那里，可以看到 *pă-tris* 和 *păt-rem* 相继出现于同一诗行的情形（*Aen.*, ii, 663）。②

---

① 根据齐林斯基（Zielinski），见《语文学家》（*Philologus*, supp. ix, pp. 761f.）。

② *f* + 流音的情形并不完全清楚。语法学家将 *f* 与希腊语的 φ 等而同之，尽管古典希腊语的 φ 是一个破裂音，而不像拉丁语的 *f* 是一个擦音。由于 *f* 是拉丁语中唯一后接流音的非破裂音，他们简单指出，在任何辅音+流音前的音节有"普通"或"双倍"音量（Max. Victorinus, K. vi, 242; Bede, K. vii, 230）。在复合词中，确定无疑，*f* 和流音从语法上属于第二部分（譬如 *re-fringo*, *re-fluo*），音节划分可以也通常就是 *re-fringo*，如此等等，从而首音节是轻音节。而当语法学家试图为他们的说法辩护时，他们一成不变地引用这个组合从属于后接单词的情形。比得（Bede）指出，这类例证无效，但事实上（如霍尼希斯瓦尔德[Henry Hoenigswald]向我指出的那样），甚至在缺乏单词或词素（morpheme）界限时，也可以发现在 *f* + 流音前的音节是轻音量，譬如，维吉尔（*Aen.*, vii, 739）的 *Rufras*，马提亚尔（Martial, xi, 103, 1）的 *Safroni*；而在古六音步诗（senarii）和戏剧长短格（scenic trochees）中，不仅专名（往往易于例外处理），还有譬如 *vafrae*。难题仍然在于，在何种程度上，这样的处理反映了所推测的希腊语的类化情形或真实的拉丁语语音学。

有意思的是诸如 *uolŭc-res*，*perăg-ro*，*latĕb-ras*，*manĭp-lis* 这样的词形，甚至容许在六音步诗行的末尾出现，在此通常会寻求诗节格律与口头重音相一致；这样会使一行诗重读如 *uolúcres*，违反了规范的读法 *uólucres*（也就是说，*uolŭ-cres*，第二个音节是轻音节）。昆体良指出了这一点（i, 5, 28），他评论说，"这样一来，格律条件会使重音发生变化……因为，我会将'*uolucres*'的中间音节读成扬音"（euenit ut metri quoque condicio mutet accentum...nam "*uolucres*" media acuta legam）。但是，如语法学家们明确告诉我们的那样（Schoell, pp. 113 ff.），规范的拉丁语读法仍然是 *uólucres*；所以，塞维乌斯（论《埃涅阿斯纪》[*Aen.*, i, 384]"我走遍了荒芜的利比亚"[*Libyae deserta peragro*]时）指出，"*per* 上有重音……因为哑音和流音组合，总是辅助格律，而非助成重音"（*per* habet accentum... muta enim et liquida quotiens ponuntur metrum iuuant, non accentum）。

在标注了音节划分的铭文中，发音由这样的拼写方式来表示：*pa.tri*，*pu.blicia*（与此对照，譬如 *ip.se*，*cae.les.ti*）。

任何时候，一个破裂音＋流音组合，在语法上分属于一个复合词的两个部分，这种组合在语音上也要分开，破裂音从属于前一音节，这个音节从而总是重音节（所以，甚至在普劳图斯和泰伦斯那里也是 *ab-lego*，*ab-ripio*）。

拉丁语"音量"本身仅仅是衡量音节结构的尺度；轻音节以一个短元音结尾，而重音节结尾是一个长元音（或双元音）或一个辅音。从语音学的观点来看，重音节持续时间更长，所以更倾向于重读（事实上，在拉丁语中，重音节的确最有资格获得重音和诗节强音）。这种自然倾向可以按此来解释：重读涉及呼气肌肉的持续收缩，中止这一运动要求延长元音的持续时间，或要求有一个辅音来关闭。①†

应当敬告读者，甚至在某些流行的标准著作中，也在相当程度上混淆了音节音量和元音音长——希腊语语法学家最终要为此混淆负责。在印度，纪元前很多世纪的语法学家和语音学家，早就认识到了这一区分的性质，从而将"长"和"短"用于元音，而将"重"和"轻"用于音节。‡但希腊人作为语言学家水平相对较差，他们失察于这一区分，将术语"长"和"短"用于元音和音节，以至于认为只有包含长元音的音节才能是"自然"（φύσει）长音节（也就是重音节）；尽管如此，因为某些包含短元音的音节也是重音节（希腊语术语的"长"），它们被认为作为长音节只是"θέσει"，这个词的意思要么是"按照惯例"，要么是"由于位置"（也就是说，由于元音位于辅音组合前）。② 这两个术语译成拉丁语就是 *natura*

---

① 这也能够用来解释，何以在普劳图斯和泰伦斯那里，如 *facilius*, *sequimini* 这样的词重音在首音节上（就像在远古拉丁语中那样，参见页 83）。因为第二个（轻）音节能够作为中止因素发挥作用，从而两个音节能构成一个有重音的统一体，也就是说，*facilius*, 如此等等（参比 J. Kuryłowicz, "Latin and Germanic Metre", *English and Germanic Studies*, 11 [1949], 34 ff., reprinted in *Esquisses Linguistiques*, 294 ff.）。甚至在早期六音步诗中，我们发现在一个音步开头，两个这样的音节等同于一个重音节（恩尼乌斯 *capitibus*，铭文 *facilia*）。这与通常在音步的第二部分中 1 重音节 = 2 轻音节不同，具有完全不同的采自希腊语语音学的根据，后者决定重音的根据是：长元音和双元音可分为两个"莫拉"。

② "按照惯例"这个意思，在后来对特拉克斯（Dionysius Thrax）的语法作出评注之前尚不确定。

（φύσει）和 *positu* 或 *positione*（θέσει）。从而在中世纪，或许更早，这种混淆情况变得更糟，认为并非音节"长是由于位置"，其实是短元音"由于位置变长了"；这种荒谬的学说穿越文艺复兴，甚至持续至今。必须使用无歧义的术语，明确将音节音量与元音音长区别开来，再怎么强调也不为过。

事实上，元音可长可短，音节可重可轻；一个长元音总是造成一个重音节；而一个重音节包含一个长元音或短元音。根本不存在什么短元音"变"长的问题。

古典拉丁语诗歌中的重音与音量

在拉丁语长短短格六音步诗歌的末两个音步中，诗人们越来越成功地在常规口语重音与诗节格律之间达成了一致。但在其他音步中，往往在这两方面要求之间存在冲突，譬如在下面这样一行诗中：

índe tóro páter Aenéas síc órsus ab álto，

随即，父埃涅阿斯从高座上如此说道，

这里，扬音重音指示常规的重读，而下划线指示诗节格律的节拍，可以看到，在诗节的第一部分中存在相当大的冲突（事实上，在维吉尔那里，冲突的情形是一致的情形的一又二分之一倍）。

这样一来，读者就得面对一个难题：在存在冲突的情况下，确定让自然（散文）节奏（natural [prose] rhythm）还是格律节奏

（metrical rhythm）来主导。从本特利（Bentley）的时代以来，后一种惯例就过时了——但并不完全肯定本特利谴责这一惯例的做法就正确。①†的确，韵读倾向于扭曲言说的自然格律，本身也单调乏味——但自然格律就存在于说母语者的头脑中，可以提供对照以衡量诗节张力的规范。若无某种这样的张力，诗节就缺乏力量和趣味。如果将诗节读如散文，在这种读法与关于严格的诗节格律的精神意象（mental image）之间，自然也会存在张力。那么，唯一的困难在于了解，说母语者（没有理论性的格律指导）如何能够形成任何这类意象，而诗节本身在尽力隐藏它。②尽管如此，可能这样一种意象能够在六音步中建构起来，通过从末两个音步中来推断，在此位置上，自然重读与诗节格律倾向于完全一致，对于长短短格和长长格音步都是如此。毫无疑问，如威尔金森（L. P. Wilkinson）所言，③"罗马人感到……有普遍的渴望：诗节的基础应当在末尾清晰浮现"，也许他们感到，这样一种结尾（coda）对于建立整体之基础是适当的。

在存在这些不确定性的情况下，武断一种或另一种选择看来是不明智的——选择很可能必须保持，正如其总是存在，这是个人品

---

① 本特利（R. Bentley），《论泰伦提阿努斯的格律》（*De metris Terentianis*, 1726, p. xvii），见《泰伦斯喜剧》（*Publii Terentiani Afri Comoediae*）。

② 在《黄金时代的拉丁语艺术技巧》（*Golden Latin Artistry*, p. 93）中，威尔金森写道，"仅当开篇诗行不清楚用了什么格律，或当格律在持续的例外之放纵中失去时，再也感觉不到强拍，心灵之耳也放弃了"——困难在于拉丁语诗节正是如此。

③《黄金时代的拉丁语艺术技巧》，页121。

位问题。

　　有些作家回避难题，否认拉丁语诗节有任何固有重读或节拍（"强音"），并且认为格律只关涉时间比例（time-ratios），后者不必然干扰言说的重读模式——假设"古人有灵巧的耳朵"，如一位批评家所言。① 但这种观点内在固有种种困难。总之，一门重读关系着时长的语言，是否会保持一种纯粹的时间性诗节格律而无任何节拍，这看来是有疑问的；尤其难以明了，诗人们为何要追求诗节结尾的一致，如果诗节格律与重读是完全无关的因素。此外，如果仅仅时长关涉古典诗节，就无法将一个长长格音步的第一与第二个重音节区分开来，为何只有第二个音节，而非第一个音节，可以分解为两个轻音节，看来没有理由。这些困难不会出现，如果我们假定音步的第一个音节本来就要重读（至少在"理想"模式中）——这主要适用于重音节，所以不容许代之以两个轻音节。②†

---

　　① 斯泰森（R. H. Stetson），《音韵学基础》（*Bases of Phonology*, p. 71）。
　　② 这条规则当然是采自希腊语诗歌（参见页 91 脚注）；但同一原则在此也适用，如果希腊语模范完全不适合拉丁语，无论如何拉丁语都很难采用希腊语模范。‡

附录 A

1. 拉丁语语法学家及其他著作家语录

毛鲁斯（Ter. Maurus, K. vi, 331）（见页 13）：
at portio dentes quotiens suprema linguae
pulsauerit imos modiceque curua summos,
tunc *d* sonitum perficit explicatque uocem.
t, qua superis dentibus intima est origo,
summa satis est ad sonitum ferire lingua.
［换句话说，舌的尖端部分抵住搏击下齿，
并且舌的弯曲部分短暂搏击上齿，
然后，发 *d* 音，要彻底并清楚地发出声音。
t 音，起源与上齿的关系最密切，
舌的最尖端敲击以发声。］

维克多利努斯（Mar. Vict., K. vi, 34）（见页 16）：quarum utramque exprimi faucibus, alteram distento, alteram producto rictu manifestum est.［显然，它们中一个音要用咽喉挤出，另一个音要饱满，另一个要用腭来拉长。］

朗古斯（Vel. Longus, K. vii, 58）（见页 17）：*u* litteram digamma esse interdum non tantum in his debemus animaduertere, in quibus sonat cum aliqua adspiratione, ut in *ualente* et *uitulo* et *primitiuo* et *genetiuo*, sed etiam in his in quibus cum *q* confusa haec littera est, ut in eo quod est *quis*.［*u* 这个字母，有时候就是 digamma，我们不仅应当在那些词中留心观察这一点，在那些词中这个字母发音要呼气，如在 *ualente*、*uitulo*、*primitiuo*、*genetiuo* 中，而且应当在这个字母与 *q* 结合的那些词中留心观察，如在 *quis* 中。］

普利斯吉安（Priscian, K. ii, 7）（见页 17）：*u* autem, quamuis contractum, eundem tamen (hoc est *y*) sonum habet, inter *q* et *e* uel *i* uel *ae* diphthongum positum, ut *que*, *quis*, *quae*, nec non inter *g* et easdem uocales, cum in una syllaba sic inuenitur, ut *pingue*, *sanguis*, *linguae*.［可是，尽管 *u* 缩短了，却在 *q* 与 *e* 或 *i* 或 *ae* 之间组成双元音的位置上，发同样的（就是 *y*）音，如 *que*、*quis*、*quae*，在 *g* 与这些元音之间不发同样的音，却构成一个音节，诸如 *pingue*、*sanguis*、*linguae*。］

维克多利努斯（Mar. Vict., K. vi, 33）（见页 21）：*b* et *p*...dispari inter se oris officio exprimuntur. nam prima exploso e mediis labiis sono, sequens compresso ore uelut introrsum attracto uocis ictu explicatur. *c* etiam et *g*...sono proximae oris molimine nisuque dissentiunt...*g* uim prioris pari linguae habitu palato suggerens lenius reddit.［*b* 和 *p*……在两音本身当中受口腔挤压作用不同。因为，前一音由舌中部破裂音发音，后一音挤压口腔向内收缩撞击发音。*c* 还有 *g*……两音接近，但口腔发力和挤压方式不同……*g* 音是控制舌前部发力，腭部

支持，轻柔发音。]

西塞罗（**Cicero**, *Or.*, **160**）（见页 26）: quin ego ipse, cum scirem ita maiores locutos ut nusquam nisi in uocali aspiratione uterentur, loquebar sic ut *pulcros*, *Cetegos*, *triumpos*, *Cartaginem* dicerem; aliquando, idque sero, conuicio aurium cum extorta mihi ueritas esset, usum loquendi populo concessi, scientiam mihi reseruaui. *Orciuios* tamen et *Matones*, *Otones*, *Caepiones*, *sepulcra*, *coronas*, *lacrimas* dicimus, quia per aurium iudicium licet. [事实上，我自己，既然我知道祖先这样说话，他们从不送气，除非在元音中，我也习惯于读如 *pulcros*, *Cetegos*, *triumpos*, *Cartaginem*；可不知什么时候，慢慢地，耳朵的反对让我扭曲了真实，我的说话方式向人民让步，而将知识留给我自己。但我们仍然读如 *Orciuios*，还有 *Matones*, *Otones*, *Caepiones*, *sepulcra*, *coronas*, *lacrimas*，因为耳朵的判断容许这样读。]

维克多利努斯（**Mar. Vict.**, **K. vi, 21**）（见页 26）: uideo uos saepe et *orco* et *Vulcano* h litteram relinquere, et credo uos antiquitatem sequi...item *corona ancora sepulcrum*, sic et quae *h* in adspiratione desiderant, ut *brachium cohors harena pulcher*. sed ea quatenus debeatis obseruare, ignoratis. [我看到，我们往往抛弃 *orco* 和 *Vulcano* 中的字母 *h*，我们也相信，我们这是在遵循古人的做法……同样还有 *corona*, *ancora*, *sepulcrum*，如此一来，呼吸中的 *h* 都消失了，如 *brachium*, *cohors*, *harena pulcher*。但你们应当遵循到何种程度，你们却不知道。]

普利斯吉安（Priscian, K. ii, 30）（见页28）: in eiusmodi Graeci et Accius noster bina *g* scribunt (sc. *aggulus*, *aggens*, *iggerunt*), alii *n* et *g*, quod in hoc ueritatem uidere facile non est. similiter *agceps*, *agcora*. [在这类词中，希腊人和我们的阿克奇乌斯，都写成两个 *g*（譬如 *aggulus*, *aggens*, *iggerunt*），其他人则写成 *n* 加上 *g*，因为，在此要弄清真相并不容易。同样还有 *agceps*, *agcora*。]

盖里乌斯（Gellius, xix, 14, 7）（见页28）: inter litteram *n* et *g* est alia uis, ut in nomine *anguis* et *angari* et *ancorae* et *increpat* et *incurrit* et *ingenuus*. In omnibus his non uerum *n*, sed adulterinum ponitur. nam *n* non esse lingua indicio est; nam si ea littera esset, lingua palatum tangeret. [在字母 *n* 与 *g* 之间别有一音，其名下有如 *anguis*, *angari*, *ancorae*, *increpat*, *incurrit*, *ingenuus*。在所有这些词中并非真有一个 *n*，而是有一个混合音。舌可征验 *n* 并不存在；因为，如果这个字母存在，舌就当触及腭。]

朗古斯（Vel. Longus, K. vii, 54）（见页30）: nam quibusdam litteris deficimus, quas tamen sonus enuntiationis arcessit, ut cum dicimus *uirtutem* et *uirum fortem consulem Scipionem*, peruenisse fere ad aures peregrinam litteram inuenies. [因为，我们会弱化有些字母，而让发音带出这些字母，如当我们说 *uirtutem* 和 *uirum fortem consulem Scipionem* 时，你会发现到达我们耳中的是一个无关紧要的字母。]

昆体良（Quintilian, ix, 4, 40）（见页31）: atqui eadem illa littera (sc. *m*), quotiens ultima est et uocalem uerbi sequentis ita contingit ut in eam transire possit, etiamsi scribitur, tamen parum exprimitur, ut *multum ille* et *quantum erat*, adeo ut paene cuiusdam nouae litterae sonum reddat. neque enim eximitur, sed obscuratur.［然而，同样还是那个字母（即 *m*），如果它在词末，并且紧接着一个词首是元音，就会发生过渡到这个元音中去的情形，尽管这个字母还要保留，却发音微弱，如 *multum ille* 和 *quantum erat*，甚至差不多发出某个新字母的音。事实上这个字母并没有消除，却变模糊了。］

朗古斯（**Vel. Longus，K. vii，54**）（见页 31）: ita sane se habet non numquam forma enuntiandi, ut litterae in ipsa scriptione positae non audiantur enuntiatae. sic enim cum dicitur *illum ego* et *omnium optimum*, *illum* et *omnium* aeque *m* terminat nec tamen in enuntiatione apparet.［因此，虽然并非完全不存在应当发音的情形，但是见诸书写的字母听不到发音。所以，在读 *illum ego* 和 *omnium optimum* 时，其中的 *illum* 和 *omnium* 同样以 *m* 结尾，但也都不发音。］

卢基里乌斯（**Lucilius，377 Marx**）（见页 32）:

r : non multum est, hoc cacosyntheton atque canina

si lingua dico; nihil ad me, nomen enim illi est.

［*r*：差不多，这个难听的音

如果我像狗的舌头那样发出来；这不赖我，因为，这就是那字母的音名。］

维克多利努斯（**Mar. Vict.，K. vi，34**）（见页 32）: sequetur *r*, quae uibrato...linguae fastigio fragorem tremulis ictibus reddit.［接着是 *r*，这个字母要颤动……舌尖颤击发出声响。］

普利斯吉安（Priscian, K. ii, 29）（见页 34）: *l* triplicem, ut Plinio uidetur, sonum habet: exilem, quando geminatur secundo loco posita, ut *ille*, *Metellus*; plenum, quando finit nomina uel syllabas et quando aliquam habet ante se in eadem syllaba consonantem, ut *sol*, *silua*, *flauus*, *clarus*; medium in aliis, ut *lectum*, *lectus*. [*l*, 依普林尼之见有三种发音: 贫音, 成对出现时的第二个 *l*, 如 *ille*, *Metellus*; 丰音, 在同一个音节中出现, 前面有一个辅音, 如 *sol*, *silua*, *flauus*, *clarus*; 中等音, 其他情况下, 如 *lectum*, *lectus*。]

昆体良（Quintilian, xii, 10, 29）（见页 34）: nam et illa, quae est sexta nostrarum, paene non humana uoce uel omnino non uoce potius inter discrimina dentium efflanda est.[因为, 那个字母, 我们字母中的第六个, 几乎不或完全不发出人声, 而应当通过牙缝吹气。]

昆体良（Quintilian, i, 7, 20）（见页 36）: quid quod Ciceronis temporibus paulumque infra, fere quotiens *s* littera media uocalium longarum uel subiecta longis esset, geminabatur, ut *caussae*, *cassus*, *diuissiones*? quomodo et ipsum et Vergilium quoque scripsisse manus eorum docent. [为何在西塞罗的时代, 还有稍晚于他的时代, 差不多当字母 *s* 处在长元音之间或长元音之后, 就要成对出现, 如 *caussae*, *cassus*, *diuissiones*? 正如他们的手书表明, 他和维吉尔就是这样书写的。]

昆体良（Quintilian, i, 4, 11）（见页 39）: sciat enim Ciceroni placuisse *aiio Maiiam* que geminata *i* scribere. [因为, 他应该知道, 西塞罗喜欢成对使用 *i* 来书写 *aiio* 和 *Maiiam*。]

普利斯吉安（Priscian, K. ii, 13f.）（见页 39）: et *i* quidem...pro duplici accipitur consonante... quando in medio dictionis ab eo incipit syllaba post uocalem ante se positam subsequente quoque uocali in eadem syllaba, ut *maius*, *peius*, *eius*, in quo loco antiqui solebant geminare eandem *i* litteram et *maiius*, *peiius*, *eiius* scribere.［而字母 *i*……被认为是要重复出现的辅音……当说话中间，一个音节由它开始，处在一个在元音之后，而在同一个音节中还紧跟一个元音，如 *maius*, *peius*, *eius*, 在这样的位置上，古人习惯于让这同一个字母 *i* 成对出现，就是写成 *maiius*, *peiius*, *eiius*。］

毛鲁斯（Ter. Maurus, K. vi, 343）（见页 39）:

i media cum conlocatur hinc et hinc uocalium,

Troia siue *Maia* dicas, *peior* aut *ieiunium*,

nominum primas uidemus esse uocales breues,

i tamen sola sequente duplum habere temporis.

［当 *i* 处在中间，而两边各有一个元音，

你读 *Troia* 或 *Maia*，*peior* 或者 *ieiunium*，

我们看得出，这些词的第一个元音都是短音，

虽然紧接只有一个 *i*，却要重复出现。］

盖里乌斯（Gellius, iv, 17）（见页 40）: *obiciebat o* littera producta multos legere audio, idque eo facere dicunt ut ratio numeri salua sit...*subicit u* littera longa legunt...sed neque *ob* neque *sub* praepositio producendi habet naturam, neque item *con*....in his autem quae supra posui et metrum esse integrum potest et praepositiones istae possunt non barbare protendi; secunda enim littera in his uerbis per duo *i*, non per unum scribenda est. nam uerbum ipsum, cui supradictae particulae praepositae sunt, non est *icio* sed *iacio*. [*obiciebat* 中的字母 *o*，我听很多人都读成长音，他们还说这样做是为了押韵……他们读 *subicit* 中的字母 *u* 时也发长音……但是前置词 *ob* 和 *sub* 都没有发长音的性质，*con* 同样也没有…… 但是，在我前面提出的这些情况下，格律也能保全，即使那些前置词不以野蛮人的方式拉长发音；因为在这些词语中，这些前置词之后的字母都应写两个而非一个 *i*。前置词部分加于其上的词本身不是 *icio*，而是 *iacio*。]

盖里乌斯（Gellius, x, 4, 4）（见页 41）:"*uos*", inquit, "cum dicimus, motu quodam oris conueniente cum ipsius uerbi demonstratione utimur et labeas sensim primores emouemus ac spiritum atque animam porro uersum et ad eos quibuscum sermocinamur intendimus. at contra cum dicimus *nos*, neque profuso intentoque flatu uocis neque proiectis labris pronuntiamus [, sed et spiritum et labeas quasi intra nosmet ipsos coercemus★]. hoc idem fit et in eo quod dicimus *tu*, *ego*...ita in his uocibus quasi gestus quidam oris et spiritus naturalis est."["*uos*"，他说，"当我们说这个词的时候，口腔的运动方式，与我们用这个词本身的指向是一致的，我们缓慢伸出我们的嘴唇前端，并且向远处呼出气息，朝向我们与其说话的那些人。反过来，当我们说 *nos* 这个词的时候，我们的发音既不用向前的气流，也不用凸出嘴唇（，而是

★ 引文在此略去了半句话。——译注

控制着气息和嘴唇，像是将其保持在我们自己内部）。同样的情形也存在于我们说 *tu* 和 *ego* 时候……因此，在这些发音中像是有某种出于自然的口腔与呼吸的姿势。"]

西塞罗（Cicero，*Div.* ii，84）（见页 41）: cum M. Crassus exercitum Brundisi imponeret, quidam in portu caricas Cauno aduectas uendens "Cauneas" clamitabat. dicamus, si pla7cet, monitum ab eo Crassum "caueret ne iret"; non fuisse periturum, si omini paruisset.［当克拉苏率驻扎在布伦迪西的军队开拔的时候，一个在港口叫卖考诺斯出产的无花果的人不停叫喊"Cauneas"（考诺斯无花果）。倘若乐意，我们可以说，这是此人在警告克拉苏，要他"caueret ne iret"（小心勿行）；他不会全军覆没，倘若他听取了这预兆。］

昆体良（Quintilian，i，7，27）（见页 42）: illud nunc melius, quod *cui* tribus quas praeposui litteris enotamus; in quo pueris nobis ad pinguem sane sonum *qu* et *oi* utebantur, tantum ut ab illo *qui* distingueretur.［如今那种写法更好，这就是我们用三个字母来拼写 *cui*，我首选使用这三个字母；在我们孩提时代，则完全发丰音，一直使用 *qu* 加 *oi*，从而将 *qui* 与其区分开来。］

朗古斯（Vel. Longus，K. vii，51）（见页 46）: non idem est *z* et *sd*, sic quo modo non est σίγμα καὶ δ et ζ...scribe enim per unum ζ et consule aurem: non erit ἀζηχής quo modo ἀδσηχής, sed geminata eadem ἀζζηχής quo modo ἀσσηχής. et plane siquid superuenerit me dicente sonum huius litterae, inuenies eundem tenorem a quo coeperit.［*z* 不等于 *sd*，正如 σίγμα 加 δ 也不等于 ζ……因为，你写一个 ζ，并且

仔细听：ἀζηχής 与 ἀδσηχής 发音方式不同，字母重复的 ἀζζηχής 与 ἀσσηχής 发音方式相同。显然，如果这个字母的发音传到我耳朵里来，你会发现与一开始的腔调是一样的。]

康森提乌斯（Consentius，K. v，394）（见页 48）：mihi tamen uidetur (sc. *i*) quando producta est, plenior uel acutior esse; quando autem breuis est, medium sonum (sc. inter *e* et *i*) exhibere debet. [我却认为，当（*i*）这个音被拉长时，它会变得更丰满或更响亮；但当发短音时，它应该发介于（*e* 与 *i*）中间的音。]

毛鲁斯（Ter. Maurus，K. vi，329）（见页 48）：

igitur sonitum reddere cum uoles minori,

retrorsus adactam modice teneto linguam,

rictu neque magno sat erit patere labra.

at longior alto tragicum sub oris antro

molita rotundis acuit sonum labellis.

［因此，你若想声音变得更小，

就要向后稍微控制住舌头，

双唇也不要张开太大。

但你若想声音变得更长，在口腔深处制造悲声，

就使用圆唇使声音变得尖锐。]

毛鲁斯（Ter. Maurus，K. vi，329）（见页 49）：

e quae sequitur uocula dissona est priori (sc. *a*),

quia deprimit altum modico tenore rictum

et lingua remotos premit hinc et hinc molares.

i porrigit ictum genuinos prope ad ipsos minimumque renidet supero tenus labello.

［接着是元音 *e*，它与前一个音（*a*）不谐和，因为它压低了开口，使声音变小，并且舌头压向两边远处的臼齿。元音 *i* 的舌头伸展近乎抵住了全部臼齿，而上唇的微笑度近乎最小。］

卡西奥多鲁（里）乌斯（Cassiodor(i)us, K. vii, 150）（见页58）：*lacrumae* an *lacrimae*, *maxumus* an *maximus*, et siqua similia sunt, quo modo scribi debeant, quaesitum est. Terentius Varro tradidit Caesarem per *i* eius modi uerba solitum esse enuntiare et scribere: inde propter auctoritatem tanti uiri consuetudinem factam.［是 *lacrumae* 还是 *lacrimae*，*maxumus* 还是 *maximus*，如果一样，究竟应当如何书写，就成了问题。特伦提乌斯·瓦罗说，恺撒通常用这种方式来读写词语，从而由于此人的权威性而将其变成了习惯。］

司考鲁斯（Ter. Scaurus, K. vii, 16）（见页60）：*a* igitur littera praeposita est *u* et *e* litteris, *ae*, *au*...apud antiquos *i* littera pro ea scribebatur...ut *pictai uestis*...sed magis in illis *e* nouissima sonat.［因此，字母 *a* 被放在了字母 *u* 和 *e* 之前，*ae*, *au*……在古人那里，往往写作 *i* 来代替 *u* 和 *e*……如 *pictai uestis*……而在那些词语中，*e* 反倒成为最不常见的发音。］

维克多利努斯（Mar. Vict., K. vi, 8）（见页64）：Accius, cum longa syllaba scribenda esset, duas uocales ponebat, praeterquam quae in *i* litteram incideret: hanc enim per *e* et *i* scribebat. [阿克奇乌斯，在应写成长音节的时候，常常使用两个元音，除了在碰到字母 *i* 的音节中：因为这个音节他常常用 *e* 加 *i* 来书写。]

维克多利努斯（Mar. Vict., K. vi, 66）（见页 78）: συναλοιφή est, cum inter duas loquellas duarum uocalium concursus alteram elidit...nec tamen putaueris quamlibet de duabus eximi posse: illa enim quae superuenit priorem semper excludet. [元音融减（συναλοιφή）就是，在两个音节中两个元音的结合导致省略了另一个……但是你不要认为能从两个音节中随意删除哪一个，因为省略后出现的音节总是排除了原先的前一个音节。]

维克多利努斯（Mar. Vict., K. vi, 66f.）（见页 82）: συνεκφώνησις uero, cum duae uocales in unam syllabam coguntur...ut cum *Phaethon* in metro sic enuntiatur, ut ex trisyllabo nomine disyllabum faciat...

...κρᾶσιν, id est cum unius litterae uocalis in duas syllabas fit communio, ut *audire est operae...quaecumque est fortuna*...quae ueluti per contrarium συνεκφώνησιν in metris imitatur.

[可是，元音结合（συνεκφώνησις）是两个元音结合为一个音节……如 *Phaethon* 按格律就是这样的读音，就是将三音节的名字变成了两个音节的名字……

……元音融合（κρᾶσιν）就是一个元音字母融合为两个音节，如 *audire est operae...quaecumque est fortuna*... 正如通过对比模仿格律上的元音结合。]

昆体良（Quintilian, i, 5, 30）（见页 83）: namque in omni uoce acuta intra numerum trium syllabarum continetur, siue eae sunt in uerbo solae siue ultimae, et in iis aut proxima extremae aut ab ea tertia. trium porro, de quibus loquor, media longa aut acuta aut flexa erit; eodem loco breuis utique grauem habebit sonum, ideoque positam ante se id est ab ultima tertium acuet.〔因为，在每一个词语的发音中，扬音限于三个音节，它们或是词中仅有的三个音节，或者是词末的三个音节，在这些音节中，扬音或者在次末音节上，或者在倒数第三个音节上。进而，我讨论的三个音节中，中间的音节若是长音节，则或者会是扬音，或者会是扬抑音；同一个位置上，若是短音节，则会有一个沉音，也从而，它本身前面位置上的音节，也就是倒数第三个音节，就成了扬音。〕

塞维乌斯（Servius, K. iv, 426）（见页 84）: accentus in ea syllaba est, quae plus sonat. quam rem deprehendimus, si fingamus nos aliquem longe positum clamare. inuenimus enim naturali ratione illam syllabam plus sonare, quae retinet accentum, atque usque eodem nisum uocis ascendere.〔重音所在的这个音节，发音更大。这就是我们所发现的情形，如果我们设法以长音喊出某个位置的音节。因为，我们发现，出于自然而然的理由，那个葆有重音的音节发音更大，而且在同一个位置上提高了声音的强度。〕

2. 文献作者年表

阿克奇乌斯（Accius）	b. 170 B.C.
奥达克斯（Audax）	?6th cent. A.D.
奥古斯丁（Augustine）	354 to 430 A.D.
比得（Bede）	673 to 735 A.D.
恺撒（Caesar）	100 to 44 B.C.
卡佩尔（Caper）	2nd cent. A.D.
卡西奥多鲁（里）乌斯（Cassiodor(i)us）	*c*. 490 to 585 A.D.
卡里西乌斯（Charisius）	4th cent. A.D.
西塞罗（Cicero）	106 to 43 B.C.
克莱多尼乌斯（Cledonius）	5th cent. A.D.
康森提乌斯（Consentius）	5th cent. A.D.
考努图斯（Cornutus）	1st cent. A.D.
狄奥美德斯（Diomedes）	4th cent. A.D.
迪奥尼修斯（Dionysius of Halicarnassus）	1st cent. B.C.
多纳图斯（Donatus）	4th cent. A.D.
斐思图斯（Festus）	?2nd cent. A.D.
盖里乌斯/奥鲁斯（Gellius/Aulus）	2nd cent. A.D.
卢基里乌斯（Lucilius）	*c*. 180 to 102 B.C.
马克罗比乌斯（Macrobius）	4th—5th cent. A.D.
维克多利努斯（Marius Victorinus）	4th cent. A.D.

卡佩拉（Martianus Capella）	4th—5th cent. A.D.
费古鲁斯（Nigidius Figulus）	1st cent. B.C.
尼苏斯（Nisus）	1st cent. A.D.
老普林尼（Pliny the Elder）	23 to 79 A.D.
普鲁塔克（Plutarch）	*c.* 46 to 120 A.D.
庞培（Pompeius）	5th cent. A.D.
普利斯吉安（Priscian）	5th—6th cent. A.D.
普罗布斯（Probus）	4th cent. A.D.
昆体良（Quintilian）	*c.* 35 to 95 A.D.
萨凯多斯（Sacerdos）	3rd—4th cent. A.D
塞尔吉乌斯（Sergius）	4th—5th cent. A.D
塞维乌斯（Servius）	4th—5th cent. A.D
斯提洛/埃利乌斯（Stilo/L. Aelius）	*c.* 154 to 90 B.C.
毛鲁斯（Terentianus Maurus）	2nd cent. A.D.
司考鲁斯（Terentius Scaurus）	2nd cent. A.D.
瓦罗（Varro）	116 to 27 B.C.
朗古斯（Velius Longus）	2nd cent. A.D.

附录 B

英格兰的拉丁语发音

直到最近还在威斯敏斯特戏剧（Westminster play）中，或在牛津和剑桥的高桌餐会资深成员祈祷词中，或在法律措辞中听过拉丁语的任何人都会意识到，这与我们所关切的拉丁语发音没有多大关系。这种"传统的"英式发音是种种影响造成的结果。首先，拉丁语在英格兰很早就受到本土口语习惯的影响。在古英语时期，元音音长已不复可察，例外在多音节词的次末音节中，在此位置上，元音音长导致重音位置有所不同（因此，正确的读法譬如 *minĭma*，*minŏra*）。在其他位置上，新的节奏规则得到应用，譬如一个双音节词的首音节通过延长元音而成为重音节，尽管它本来是轻音节（因此，譬如 *pāter*，*lībrum*，*ōuis*，*hūmus* 代替了 *păter*，等等）；尽管如此，从埃尔弗里克（Aelfric）语法来判断，看来在诗歌中保留拉丁语的音符长度已成为一种惯例。"软音" g 的发音像是一个半元音 [y]，而处在元音之间的 s 浊化为 [z]。

诺曼征服（Norman conquest）以后，拉丁语在英格兰以法语为中介，由法语老师讲授，这导致引入了某些法语式拉丁语发音的特点，譬如将辅音 *i*（*iustum*，等等）和"软音" g（*gentem*，等等）

变成了一个塞擦音［dž］（如在英语 judge 中那样）。"软音" c 的发音变成了［s］（13 世纪后，当时早期的法语［ts］变成了［s］）；所有元音在两个或两个以上辅音前变短，譬如在 census, nullus 中；罗曼语的惯例则加强了在开音节中延长元音的倾向（譬如 tēnet, fōcus 代替了 tĕnet, fŏcus）。†

直到 14 世纪中叶，英语尚未开始使自身成为教授拉丁语的中介语言（而实现这一点，很大程度上要归功于教育改革家康沃尔［John Cornwall］的努力）。此后，拉丁语在英格兰持续按民族路线演变，直至 1528 年伊拉斯谟《关于拉丁语和希腊语发音的对话》（*De recta Latini Graecique sermonis pronuntiatione*）出版，评论了流行的拉丁语发音中的大量民族特点，试图朝古典语言方向加以改革。这篇对话风格轻松，辩论者以说教寓言方式伪装为动物，就是熊（Ursus）和狮子（Leo），熊是导师。这篇对话对古代拉丁语发音作出大量重要推演，包括所有元音前的 c 和 g 都要发"硬音"，处在元音之间的 s 的清音性质，以及元音音长的重要性。

伊拉斯谟两次造访英格兰，一次于 1506 年到达伦敦，另一次是从 1509 年到 1514 年。第二次到访期间，他曾驻留剑桥，也正是在此地，他关于拉丁语和希腊语发音的观点在日后的传播最为有力。1540 年，奇克（John Cheke）擢升首位剑桥大学钦定希腊语讲座教授（Regius Professor of Greek），他的朋友史密斯（Thomas Smith），另一位古典学者，升任钦定民法学讲座教授（Regius Professor of Civil Law）。两人当时只有 26 岁，深受伊拉斯谟已刊布著作影响。伊拉斯谟仅限于自己建立规范，似乎从未实际使用过经他改革后的发音；事实上熊评论说，迁就已有的习惯，要比让自己遭到嘲笑和误解好；用伊拉斯谟改革的先驱阿莱安德（Jerome Aleander）的话说，"我们保留说话的知识，使用就交给民众"（scientiam loquendi nobis reservantes, usum populo concedamus）①。尽管如此，伊拉斯谟的确在他的教育优先等级中将口头语言推得很高（"首先，要学习流畅发音；其次，要学习快速阅读；再次，要学习优雅描写"［primum discet expedite sonare, deinde prompte legere, mox eleganter pingere］），从对话中清楚可见，他希望逐步提升发音水平。

在剑桥，奇克和史密斯按照伊拉斯谟的路线，开启了一场彻底而又实用的希腊语和拉丁语发音改革；事实上，奇克连续几天发表6篇就职演说，就致力于这一主题，名为《论修正字母发音》（de literarum emendatiore sono）。尽管如此，改革遭到大学校监、温彻斯特大主教加德纳（Stephen Gardiner, Bishop of Winchester）的反对，他于1542年颁布法令，专门禁止任何语言的新式发音。对违法者的惩罚是：文科教师（M. A.）将被逐出教授委员会，候选人将被拒绝授予学位，学者将丧失所有特权，普通本科生将受责罚。加德纳的权威一时得逞，但他的立场的知识缺陷，由其某些论证清楚可见，譬如他抱怨本科生使用某种"异国"发音，将变得傲慢无礼，而乐见其长辈无法理解这种发音。他反对说，改革将使剑桥跟不上牛津的步伐（而牛津，如其在其他地方评论的那样，"生活平

---

① 显然这是西塞罗的说法之回响（Or., 160），参见页95以下。

静")——对此,奇克回复说,"牛津做了什么它该做的事情,不是我要考虑的问题。对剑桥的赞美不会少,如果它可以努力推动研究到一定程度,即使牛津会阻止同样的研究"(Neque tantum mihi quid Oxonia faciat, quam quid facere debeat, cogitandum. Neque minor est Cantabrigiae laus, si ipsa ad promovenda studia aliquid quaerat, quamquam Oxonia eadem retardet)。

奇克后来支持格雷女王(Lady Jane Grey)的主张,并短期出任她的国务大臣。加德纳在爱德华(Edward)治下大部分时间被囚禁在伦敦塔中,玛丽女王继位后获释,恢复了大部分权力。他早先维护亨利(Henry)国王反对罗马的政策,在玛丽女王治下主导和解,并在格雷被处决前夜,在宫廷中鼓吹严厉惩处政治犯。奇克的财产被充公,并被囚伦敦塔一年多时间。获释后出国旅行,到达帕多瓦(Padua),并由此抵达斯特拉斯堡(Strasbourg),1557 年被带回英格兰后在绝望中死去。伊丽莎白(Elizabeth)女王次年继位后,加德纳的命令废止(主教本人死于 1555 年)。

但是改革派仍要应对惯性影响和特权阶层对"传统"拉丁语发音的爱好;无论如何,新发音在英格兰的优势,将很快为语言学历史上的一个偶然事件所削弱。因为,改革到了这样一个时期:从中世纪英语到现代英语元音系统的广泛转变尚未完成,所以,任何改革拉丁语或希腊语发音的举措,都会受到作为英语次属方言的这些元音变化的影响——拉丁语元音譬如 $\bar{a}$, $\bar{i}$, $\bar{e}$, 变成了双元音 [ey] [ay] [iy], 如在英语 *name*, *wine*, *seen* 中那样。

这样一来,一种发音古怪的远离古典拉丁语的语言,在 19 世纪的英格兰流行起来。除了已讨论过的特点，还要涉及以下特点。在次末音节是轻音节的多音节词中，次次末音节（有重音）中的元音，除了几个例外，都变成了短音——譬如 *stāmina*, *sexagēsima* 变成了 *stămina*, *sexagĕsima*, *Oedipus* 变成了 *Ĕdipus*，而 *Caesaris* 变成了 *Cĕsaris*（*oe* 和 *ae* 发为 *e*——因此，还有发音 *Ĕschylus* 指 *Acschylus*），但是，譬如 *amaveram*, *mīserat*。这种元音变短的情形从未出现在元音 *u* 上（譬如 *tūmulus* 指 *tŭmulus*，*u* 发长音），如果在末尾两个音节中有元音分读，也不会出现元音变短的情形（譬如 *ālias*, *gēnius* 指 *ălias*, *gĕnius*，元音变长了，但复合词 *ŏbeo*, *rĕcreo*，如此等等）。另一方面，如果元音是 *i* 或 *y*，在任何情况下都会变短（如 *fĭlius*, *Lўdia*）。"寄生的" *y* 这个音，在英语的 *u* 前面要作为一个辅音来看待，所以 *văcuum* 保持为 "*văcyuum*" 发音，不变为 *vācuum*。元音变长的情形，譬如 *ītem* 指 *ĭtem*，也适用于 *mihi*（*mīhī*），但奇怪的是，如果后接辅音 *b*，则元音不变长（因此，*tĭbĭ*, *sĭbĭ*, *ĭbĭ*, *quĭbus*）。①

由于英语拼写很大程度上有其历史渊源，传统发音自然往往相当于按照英语拼写惯例来读音——尽管并非完全可以作如此解释。

尽管如此，到了19世纪中叶，学校老师至少开始关注开音

---

① 就这些例证或更为详细的说明，尤见于萨基昂特（J. Sargeaunt），《源于拉丁语的英语词汇的发音》("The pronunciation of English words derived from Latin") 一文，见《纯正英语协会手册》(*S. P. E. Tract* No. 4)；莫尔－史密斯（G. C. Moore-Smith），《英语与"重建"拉丁语发音》("The English language and the 'Restored' pronunciation of Latin")，见《语法杂谈献给耶斯佩森》(*Grammatical Miscellany offered to O. Jespersen*, pp. 167 ff.)；阿特里奇（Attridge），见所引书（*op. cit.*, pp. 21 ff.）。

106 节中的元音音长（毫无疑问这是格律教学的迫切需要），后来"硬音" *c* 和 *g* 引入某些领域。1870 年前后，来自剑桥和牛津的学者制定了一种新的古典拉丁语发音。当年的校长会议上讨论了这个问题，但牛津的妥协条款连同某些实际的反对意见，推迟了改革方案的普遍采用。到 20 世纪早期，方案才在剑桥语文学会（Cambridge Philological Society）和古典学会（Classical Association）等团体的倡议下得以实施，原来的偏见才开始在英国的学校和大学中得到克服。尽管如此，反动难以断绝，甚至迟至 1939 年，《泰晤士报》（*The Times*）仍认为打压剑桥大学肯尼迪拉丁语教席（the Kennedy Professor of Latin）一封反对旧式发音的信的做法是恰当的。①

这些改革，很难说彻底重建了古典拉丁语发音。它们甚至未达到涉及任何实际的非英语式语音之程度，甚或连陌生环境中的英语式语音也未涉及；而弥合"改革后的"发音与"重建的"发音间的差距，正是本书的目的之一。

传统英国式发音，的确与古典拉丁语相去甚远——但它也并非"民族式"发音中唯一的冒犯者。在法国，拉丁语发音很早就开始走上民族路线，尤其忽视元音音长和重音；元音 +*m* 的发音是鼻音化的元音，音质也相应发生了变化——譬如在墨洛温王朝时代（Merovingian times），*cum* 有拼写为 *con* 的情形。改革发音是查理曼（Charlemagne）委托给阿尔昆（Alcuin）的任务之一，但此任

---

① 关于近期的改革活动，见威尔金森（L. P. Wilkinson）《黄金时代的拉丁语艺术技巧》（*Golden Latin Artistry*, pp. 3 ff.）。关于教会拉丁语发音，见布里顿（F. Brittain）《教会拉丁语》（*Latin in Church*, Alcuin Club Tracts, 2nd rev. ed.）。

务只落实为一项要求:每个字母都应当发某种音。在后来的世纪里,我们仍然可见譬如 *fidelium* 的韵读是 *lyon*,而伊拉斯谟(他认为法语式发音最糟糕)注意到,法国人将 *tempus* 读如"*tampus*",*u* 在法语中通常读如[ü],*qu* 读如[k],甚至连 *michi*, *nichil*(参见页45)中误拼的 *ch*,也读如法语 *champ* 中的[š]。16世纪,我们见到双关语,譬如,*habitaculum*[居住地]的读音与"*habit à cul long*"(长尾套装)一样,① 这是一个少有猥亵意味的例证。

16世纪中叶,法国出现了更为严肃的改革尝试,尤其是埃斯蒂安(Charles Estienne),此人研究了伊拉斯谟的著作,撰写了一篇论文《论拉丁语的正确发音和书写》(*De recta Latini sermonis pronunciatione et scriptura*),以教导他的侄子亨利(Henri)。但是,在法国与在英格兰一样,反动力量强大。譬如,我们知道,1550年前后,法兰西学院(College de France)的教授们试图引入改革,遭到索邦大学神学家们的反对——他们甚至因其使用新的发音而设法剥夺一位教士的圣俸(谴责这种做法为一种"语法异端")。冲突尤其集中在 *qu* 的发音上,争论的关键词之一是 *quamquam*,所以形成了开始将学术丑闻称为一桩"*cancan*"(此后又指任何一种可耻行径)的传统。法国后来的改革尝试不如英格兰成功,还必须对付"拉丁语法语式发音之友协会"(Société des amis de la prononciation française du Latin)这样的反动团体。

有人从伊拉斯谟那里获得了16世纪的各种民族式发音不可接

---

① 塔布罗(Tabourot),《杂谈》(*Bigarrures*),章五《拉丁语-法语之模棱两可》("Des équivoques latins-françois")。

受的观念。后者在他的《对话》中描述了来自各国的发言者如何用拉丁语向马克西米利安皇帝（Emperor Maximilian）发表演说的情形。一位法国人"以纯正的高卢口音"（adeo Gallice）宣讲，以至于在场的意大利人认为他是在用法语说话；笑声让这位法国人中断演说陷入窘迫，可是还有更大的讥讽等着下一位发言者的德国口音；接着一位丹麦人"发音像一位苏格兰人"，下一位是泽兰人（Zeelander）——可是，如伊拉斯谟所评论的那样，"敢发誓你也没用拉丁语说话"（dejerasses neutrum loqui Latine）。熊在此问讲这个故事的狮子，皇帝本人是否能忍住不发笑，狮子肯定他忍住了，因为"他习惯了这类表演"（assueverat huiusmodi fabulis）。

伊拉斯谟说，在他的时代，最好的拉丁语演讲者来自罗马，而意大利人认为英国人的拉丁语第二好。有时候在英格兰人们会满意地引述这个说法，但这很可能指教会拉丁语而非日常发音。还必须记住另一位大学者斯卡利杰（Joseph Scaliger）的描述，他是17世纪初的人，关于一位英国客人的拉丁语发音，他说："英国人中最博学的人的拉丁语使用也是糟糕至极，如……一次，这个种族的一员，和我在一起唠叨了一刻钟，我根本没有理解他在说什么，就好像他是个讲土耳其语的人，我要请求人们原谅我，因为，我完全理解不了这英语口音的拉丁语"（Anglorum vero etiam doctissimi tam prave Latina efferunt, ut...quum quidam ex ea gente per quadrantem horae integrum apud me verba fecisset, neque ego magis eum intelligerem, quam si Turcice loquutus fuisset, hominem rogaverim, ut excusatum me haberet, quod Anglice non bene intelligerem）。这种表现，几乎没法用 16 和 17 世纪之交英语元音系统的变化来解释。

最后，或许应当提到罗马天主教会的意大利风格的拉丁语发音，虽然它很有可能比其他"民族式"发音更少远离古典拉丁语，却也没有什么特殊地位可用于重建古典拉丁语发音之证据。一项在天主教会中普及意大利式发音的尝试，1912 年由教宗庇护十世（Pope Pius X）在致布尔日大主教（Archbishop of Bourges）的信中发起，此项尝试在一战后取得了一定程度的成功；到如今，此项运动有望作为约翰二十三世（John XXIII）《实施研究拉丁语风格的教会法令》(*Constitutio Apostolica de Latinitatis studio provehendo*)（1962 年 2 月 22 日"前辈的智慧通谕"[Veterum sapientia]）的一项成果而得到加强。但有意思的是，在此处境中，一篇出自罗马圣经研究所（Biblical Institute in Rome）副主任之手的文章（《罗马观察报》[*L'Osservatore Romano*, 14 March 1962]），鼓吹借鉴当今的语言学研究回归古代教父的发音。

一套关于 gn 发音的提示

在萨勒斯伯里（William Salesbury）关于威尔士语发音的论著中（1567）有这样的有趣观察："我在这里的意思，的确也不是要把他们称为优良和喜欢拉丁语的读者，尽可能以 *angnus*……指 *agnus*，以 *ingnis* 指 *ignis*"，这表明，我们重建 *gn* 发音的努力（参见页 23）在英格兰早就有先行者。这种发音似乎曾经在德国的学校里是传统发音。道伯森（E. J. Dobson,《1500—1700 年的英语发音》[*English Pronunciation 1500—1700*, II, 1006 f.]）表示，在英格兰，*ngn* 这种发音是基于拉丁语语法学家的学说——但事实上，拉丁语语法学家们就此并没有什么说法，如今用于重建发音的论据尚未提出。尽管如此，我们惊奇地发现，这种发音在伊拉斯谟《对话》中已有规定；他的结论，部分出于对维克多利努斯的过度阐释（事实上此人讨论的是 *ng* 而非 *gn*），部分出于对 *gn* 的意大利语发音的不当分析。所以，他是靠运气获得了正确答案，而论证完全错误；而他的著作有可能要为后来英语和德语式的发音负责。

尽管如此，还有一个难题，在于明显存在比此还要早的发音类型，至少在英格兰是如此。稍早于伊拉斯谟的《对话》，斯凯尔顿（Skelton）以 *hange us* 韵读 *magnus*，虽然我们或许不应当过多重视这一点。早在 14 世纪，可以见到以 *ngn* 拼写拉丁语派生词的情形，如《痛悔》（*Ayenbite*）中的 *dingnete*，这些词有可能基于普通的古法语拼写，第一个 *n* 表示它前面的元音的鼻音化——14 世纪考伊雷弗里（Coyrefully）《论正词法》（*Tractatus Orthographiae*）是在英格兰为英国人编写的，在其中我们读到："然而，*g* 在发言中位于元音和辅音之间时，其发音为 *n* 加 *g*，如 *compaignon*（这在语音上分析错误，就像伊拉斯谟关于意大利语的分析一样）……可是，高卢人大部分在词中加一个 *n*，如 *compaingnon*……这样做更好"（*g autem posita in medio diccionis inter vocalem et consonantem habebit sonum quasi n et g ut compaignon* [a phonetic misanalysis like that of Erasmus regarding Italian] *...Tamen Gallici pro majori parte scribunt n in medio ut compaingnon...quod melius est*）。

在英国的语法学校中，至少到 14 世纪中叶，法国老师都要

将 *gn* 读如一个腭音［ñ］。英国学生也许已然就［ŋn］的发音达成了妥协，也就是说，软腭音＋齿鼻音（腭音在这两音之间发出来）。他们在此会受到鼓励，以拼写借自法语的拉丁语派生词（如 *dingnete*），并遵循考伊雷弗里那样的语音分析。因此，在英格兰，拉丁语 *gn* 读如［ŋn］，很可能远早于伊拉斯谟的重建。

附录 C

拉丁语字母表中的字母音名

有两本书和几篇文章以此为主题,在更为普及的手册中也有简短讨论。这两本书是:

斯切莱茨基(L. Strzelecki),《论罗曼语字母音名》(*De litterarum Romanarum nominibus*: Bratislava, 1948);

戈登(A. E. Gordon),《拉丁语字母表中的字母音名》(*The Letter Names of the Latin Alphabet* [U. Cal. Pubns: Classical Studies, vol. 9]: Berkeley, 1973)。

后一本书更为全面,也更易理解。我自己同意其大多数研究成果,在此仅对论据和最有可能的结论作出总结,主要基于戈登的文献。

关于元音,没有提出什么特殊难题。从最早期文献以降,元音音名表现的就是字母的音质,长音形式就是 $\bar{a}$, $\bar{e}$, $\bar{\imath}$, $\bar{o}$, $\bar{u}$。这由其在卢基里乌斯诗歌中的使用一目了然,譬如,

A primum est, hinc incipiam, et quae nomina ab hoc sunt,
首先是 *A*,我从这里说起,而它们就是音名,

六音步诗要求首音节是重音节,因此是 $\bar{a}$。语法学家毛鲁斯的索塔德斯风格(sotadic)的诗行也一样,譬如,

附录 C

E quae sequitur vocula dissona est priori
E 是接下来一个字母，它是弱音，与前一字母发音不同

还有：

nitamur ut *U* dicere, sic citetur artus.
我们用力读如 *U*，如此发出的声音紧缩。

长元音也有语法学家庞培在其《论多纳图斯的技艺》（*Commentum Artis Donati*[Keil, v, 101]中作出规定："当其单独使用时，它们总是长音"（quando solae proferuntur, longae sunt semper）。

这种惯例与我们在印度的发现相反，那里的短元音用来指每一对短元音和长元音，参见阿伦《古印度语言学》（*Phonetics in Ancient India*, O.U.P., 1953, p. 14.）。但这种惯例整体上符合拉丁语音韵学的一般原则，因为在拉丁语中没有以短元音结尾的单音节词，譬如，与希腊语的 οὔ 密切关联，拉丁语则是 *tū*（-*quĕ*, -*nĕ*, -*uĕ*，当然不是完整的单词，而是非重读后接成分，它们与前面的单词构成一个音韵统一体[a phonological unity]）。之所以如此是有充分理由的，因为拉丁语中每一个完整的单词必须有重音，而单独一个轻音节，如我们所见（页 91 的附注），并不会提供必要的重读音阵（stress-matrix）。①

尽管毛鲁斯谈及，同样的音名用于 *i* 和 *u* 似乎出于偶然，而无论在特殊情况下它们的功能是元音还是辅音，譬如，"辅音 *u*" 或 "*u*

---

① 甚至在希腊语中，短元音 ε 和 ο 最早的名称其实是 εἶ 和 οὖ，也就是长元音[ē]和（原初的）[ō]，参见 *VG*，页 85。关于拜占庭的名称 ἒ ψιλόν，参见 *VG*，页 76。

digammon"（参见戈登，页 18）。

破裂辅音 b, c, d, g, p, t 提出的难题也为数不多。它们本身不可发音，它们的音名附加了一个元音（长元音，原因如上）ē。譬如，卢基里乌斯有一行诗是这样结尾的：

... non multum est *d* siet an *b*.
……不会有太多时长，不管用 *d* 还是用 *b*。

这里 *an* 的重音量要求 *b* 的音名以 *b* 起始，如果也应用于 *d*，那么这个字母就一定是一个长元音，因为要求它有重音量。这些结论由一首《普里阿普斯之歌》(*Carmina Priapea*) 所证实：

Cum loquor, una mihi peccatur littera: nam *te*
pe dico semper, blaesaque lingua mea'st;
当我开口说话，一个字母会溜到嘴边：因为，*te*
pe，我总是这样说，我的舌头也要打结；

还有一句开头是"如果你写 C 和 D……"，也需要加一个长元音。同样的应用于字母的情形见于毛鲁斯的索塔德斯诗行，

b cum uolo uel *c* tibi uel dicere *d*, *g*,
当你希望说出 *b* 或 *c* 或 *d*, *g*,

这里的 *c* 和 *d* 的音名必须以辅音开头，还有 *g* 也是如此，然后，*c* 和 *d* 的音名必须有一个长元音。其他语法学家，有些引述瓦罗，规定这些音名要以 *e* 结尾——其长度，如我们所见，由格律决定。

另外两个破裂音为一般规则造成例外，这就是 *k* 和 *q*。一篇对多纳图斯的匿名评注谈到这两个字母起首和末尾都不用 *e*（参见戈

登，页21）。在安提诺纸莎草（Antinoe papyrus，纪元后4—5世纪）中它们的音名是 κα，κου，普罗布斯、庞培和普利斯吉安都证实了这一点。这些字母当然是多余的，因为能用 c 代替它们而不产生歧义；但这些字母已用于早期铭文，也在特殊用法中保存下来（见页15）。它们的音名 cā 和 cū，其元音音质必须归于字母用于其中的特殊元音环境，也就是 Kalendae, K(aeso)，还有 qu 组合，尽管现代作家将其（以及字母音名更为广泛地）与埃特鲁利亚语书写习惯联系了起来。

送气音 h，倾向于被排除于古代的解说之外，这些解说遵循希腊语惯例，视其为一个"气音"（breathing），而非一个真正的辅音（参见页43及其附注）。尽管如此，有些语法学家给予其音名 ha，元音音长由毛鲁斯的格律所证实（参见戈登，页18，52）。元音音质或许以某种方式与表示 k 的 cā 中的元音音质有关联，在字母表中 k 是 h 的下一个辅音。

其余字母中的 f, l, m, n, r, s 都是"连续音"（continuants），也就是说，这些音不像破裂音，能够拉长，而是像元音那样，能够独立构成音节（参考 bottle 或 button 的第二个音节的发音，或感叹词 pst[①]）。因此，它们叫 semiuocales（半元音，按照希腊语的

[①] 参见泰伦斯《珀尔米奥》（Phormio, 743）：
SO. quem semper te esse dictitasti?
CH. st!
SO. quid has metuis fores?
索芙蓉娜：总说你是谁的那个人？
卡雷莫斯：嘘！
索芙蓉娜：你怕这门什么呢？
这里的 st 构成重音节（参见戈登，页4）。

ἡμίφωνα），参见页 37 注释 1；*VG*，页 17；*AR*，页 32—34。*x*（如希腊语的 ξ, ψ, ζ）通常也包括在这些字母中，因为其中包括辅音 *s*。理论上仅仅以其发音来命名这些字母是可能的，无须增加元音；但毛鲁斯说他不能这样命名它们，因为它们的音很难说充足，尤其在诗歌中。这个说法，连同其他某些语法学家的说法，表明（尽管并不肯定）事实上在某些时候或在某些人那里，所讨论的这些字母就是这样命名的，也就是说，仅仅作为构成音节的辅音。尽管这些音在某些语言中就是音位（譬如梵语中构成音节的 *r̩*, *l̩*），它们却不属于规范的拉丁语音位体系；另一种命名系统归于瓦罗，他将其变成了易于接受的拉丁语形式，通过取代辅音的音节性质在实际语言运用中增加最小的音节单位，也就是说，增加一个短元音（与破裂音音名中的长元音的性质一样）。尽管如此，为了符合拉丁语单音节词具有重音的结构，这个元音必须放在辅音前面（因为 *fĕ* 等会成为一个轻音节）——所以就成了 *ĕf, ĕl, ĕm, ĕn, ĕr, ĕs*；还有 *ĕx*，虽然后者被某些作家变成了 *ĭx*，类比晚期希腊语的 ξῖ（早期是 ξεῖ）。按照语音变化的自然进程，常见的情形就是音节性辅音为短元音+辅音取代（这样的次序更为常见），元音音质因语言而异——譬如印欧语词形重构，如 **km̩tom* 意为"100"（带有构成音节的 *m*），威尔士语 *cant*，哥特语 *hund*，立陶宛语 *šim̃tas*，还有拉丁语 *centum*。最终，瓦罗的体系得以流行，譬如，也见于普利斯吉安。①

---

① 有一个见于安提诺纸莎草的替代系统将这些字母的音名写成（双音节）ιφφε, ιλλε, 如此等等，前后各有一个短元音，这也让我们想起了意大利语的 *effe, elle*，西班牙的 *efe, ele*，如此等等（参见戈登，页 3 注释 7，页 25, 33）。

完整建立起来的拉丁语字母音名系统是这样的：ā, bē, cē, dē, ē, ěf, gē, hā, ī, cā, ěl, ěm, ěn, ō, pē, cū, ěr, ěs, tē, ū, ěx 或 ĭx。

y 和 z 不是原生拉丁语字母表的构成部分，只是后来才增加到末尾的。z 似乎是按其希腊语音名而称为 zēta 的。y 最早的拉丁语音名不确定，但也许像在希腊语中那样是 hy [hū]；[1] 尽管如此，后来出现了 y 与 i 语音归并（phonetic merging）的现象（见页 53），也失去了 h（见页 44），这个音名与 i 的混淆了，也就是变成了 [ī]；为区分它规定了一个音名 y [ī] graeca，比较西班牙语的 y griega，意大利语的 i greco，法语的 y grec。

英语字母音名基本反映了拉丁语的传统英语式发音（见页 102 以下）。谢尔顿（E. S. Sheldon）在《语文学和文学研究与注意事项》（*Studies and Notes in Philology and Literature* [Boston] 1 [1892], pp. 66 ff. and 2 [1893], pp. 155 ff.）中讨论了它们。

"er" 向 "ar" 的转变（按照标准南方英语只读如 [ā]，参见页 32），与中世纪英语 *sterre* 向现代英语 *star* 的转变一致。字母 j 和 v 作为辅音字母形式，区别于 i 和 u，都是晚近才出现的（见页 37 注释 2）；前者作为元音，其音名也许出于 k 的前回音（pre-echo），但也有助于区别于 g 的音名（见页 102）；v 的音名似乎一开始是 "ev"（按照 "ef" 等的模式，参见谢尔顿，页 72 注释 1），通行的音名则按照 "tee" 等的模式。

---

[1] 按照拜占庭的音名是 ὖ ψιλόν，参见 *VG*，页 65。

w 的音名仅基于其外形，是两个 *v* 合二为一，音质相当于原来的 *u*，堪比希腊语 F 的音名"digamma"（见 *VG*，页 45）。*w* 这个字母出现于晚期拉丁语铭文中，尤其代表了日耳曼语和凯尔特语中的发 [w] 这个音的音名，拉丁语的辅音 *u* 后来演变为一种擦音式发音（见页 41）。

　　y 的音名来源不确定，一种建议认为，它也是按其外形来命名的，也就是说，将 V 和 I 合二为一，"Ex"受偏爱胜于"ix"，想必是依照"es"等的模式。

　　英语 *z* 的音名"zed"根本源于 *zēta*，经由法语；一种更古老的音名是"izzard"[izəd]，谢尔顿（页 75）表示，它也许出于法语"et zède"，作为背诵字母表时的圆滑过渡。美式音名"zee"的形成，基于"tee""vee"等模式。

　　关于 *h* 的音名，见页 45 注释 1。

附　注

p. vii：†关于最近"默读"作为一种普遍做法，参见巴洛格（J. Balogh），《书页的声音》（"Voces paginarum"），见《语文学家》（*Philologus* 82 [1927], pp. 84 ff., 202 ff.）。

p. ix：†目前亦可参见页131上的"文献选目"。

p. 1：†定义音节、元音和辅音的一个替代路径，在 *AR* 页40及其以下有详尽讨论。这就是由斯泰森（Stetson）提出的肌动（motor）理论（参见"文献选目"），这一理论接近难题的立场是音节进程的生理学而非声学后果。尽管斯泰森实验的多数细节遭到怀疑，但这一理论提供了一种强有力的理论模型，可以（在科学意义上）解释诸如音长、音量和重读的"韵律"特征，也有助于理解各种格律现象。

这一理论的主要特点可简述如下。音节由一组胸肌收缩发动，"喷出"一股气叠加于更大规模的呼吸活动之上（"就像波浪上的波纹"），从而斯泰森将音节称为一种"胸部搏动"（chest-pulse）。这种活动属于"冲击"（ballistic）类型（与"控制"[controlled]类型相对），意指"释放"（release）后紧接一段自由活动，并由"阻止"（arrest）终结。阻止可由一组相反的胸肌收缩造成，也可（主要）由口腔完全或部分闭合阻塞空气出口造成。释放亦可由口腔闭合助力，引起空气压力上升，从而当闭合放松时造成更为有力的释放。

自由运动时段的空气流出（音节的"音峰"），通常使得声带振动，如此产生的声门音调（glottal tone）以各种方式由口腔过滤来调节，形成了不同元音的发音；而各种类型的口腔闭合与音节运动的阻止相关，或与助力其释放相关，形成了不同的辅音。

这一理论的某些应用，在后面的"附注"中有所涉及（参页 5，65，89，91）。

p. 5：†音长可能也与音节进程相关。一次胸阻（参见页 1 附注），作为一种相对缓慢的运动，涉及元音在发生作用期间的持续——从而与长元音有关。另一方面，一次口阻是一种相对迅速的运动，从而与短元音有关（如果元音拉长，就为胸阻干涉给予了时间，而口腔发声则不会提供阻止，参见页 65 附注）。

短元音可能也与一类运动有关，在此运动中，紧接其后的音节的释放赶上了前面的阻止，导致其无法阻止，进一步的细节参见 *AR*，页 62 及其以下。

音质的不同，也许与音的不同延时有关，因为延时越短，器官为了某个特殊的元音由其"中性"位置向"最佳"位置移动的时间就越短。这一点在拉丁语中的表现，见页 47 及其以下。

‡关于重音的更为全面的讨论，参见 *AR*，页 86 及其以下。

p. 6：†尽管如此，对语法的注意事项作出解说时，如在转换—生成音韵学（transformational-generative phonology）中那样，英语重音极大程度上可由规则来预见——虽然规则极为复杂，尤参乔姆斯基与哈勒（N. Chomsky & M. Halle）的《英语的语音模式》

(*The Sound Pattern of English*)，还有哈勒与凯泽（M. Halle & S. J. Keyser）的《英语重读》（*English Stress*）。

‡ 关于重音，更可取的做法是使用术语"旋律"（melodic）而非"音调"（tonal），因为"音调"（tone）这个术语常用于语言学，有其特定内涵，参见 *VG*，页 7。

腹肌在重读中的功能最近成为问题（参见 *AR*，页 78）。譬如奥赫曼（S. E. G. Öhman）提出（《进展与现状报告季刊》[*Quarterly Progress and Status Report*, 2—3, Royal Inst. of Technology, Stockholm, 1967, p. 20]），重读涉及"将一定的生理能量添加到言语产生系统整体之上……分布于（可能不均衡）肺部、声音和发声通道"。

p. 7：† 更为全面的讨论参见 *AR*，页 74 及其以下。

p. 12：† 有些有趣的实验支持这种解释，参见洛茨、艾布拉姆森等（J. Lotz, A. S. Abramson, et al.），"感知英语闭塞音……一项剪带实验"（The perception of English stops...a tape-cutting experiment），见《语言与言语》（*Language & Speech* 3 [1960]，pp. 71 ff.）；里斯克与艾布拉姆森（L. Lisker & A. S. Abramson），《原始闭塞音调音的跨语言研究：声学测量》（"A cross-language study of voicing in initial stops: acoustical measurements"），见《词语》（*Word* 20 [1964]，pp. 384 ff.）。

p. 13：† 参见，譬如，富阿勒（R. Fohalle），《关于 κυβερνᾶν GUBERNARE》（"A propos de κυβερνᾶν GUBERNARE"），见《文德里斯先生纪念文集》（*Mél. Vendryes* [1925]，pp. 157—178）；帕

尔默（L. R. Palmer），《拉丁语》(*The Latin Language*, p. 51)。

p. 15：†如今我怀疑这种解释：这些形式很可能是类化现象，基于 *sceleris*, *-cellere* 中的元音，这里的 *e* 是合乎规范的，参见劳弗施泰德（B. Löfstedt），见《辨识者》(*Gnomon* 38[1966], p. 67)。

p. 17：†这个问题，尼德曼（M. Niedermann）有进一步讨论，见《荣誉》(*Emerita* 11[1943], pp. 267 ff. [= *Recueil M. Niedermann* (1954), pp. 73 f.])。

p. 18：†支持一般读如[kw]的论证，参见扬森（H. H. Janssen），《拉丁语中的 *qu* 和 *gu*》，见《献给尼德曼》(*Hommages à M. Niedermann* [= Coll. Latomus 23, 1956], pp. 184 ff.)；齐林（R. A. Zirin），《拉丁语韵律的音韵学基础》(*The Phonological Basis of Latin Prosody*, pp. 29 ff.)。对两种观点的全面讨论，如今要参见德瓦恩和史蒂芬斯（A. M. Devine & L. D. Stephens），《拉丁语音韵学研究两论》(*Two Studies in Latin Phonology* [Saratoga, 1977], Part I)。

p. 19：†进一步讨论如今要参见齐林上引书（*op. cit.*, pp. 38 f., 83 f.)。

p. 22：†或许，更为正确的做法是将同化现象全部归于普通言说（common speech）。进一步讨论尤其参见普林茨（O. Prinz）《论古代和中世纪早期拉丁语的前缀同化》("Zur Präfixassimilation im antiken und im frühmittelalterlichen Latein")，见《中世纪拉丁语风格档案》(*Arch. Latinitatis Medii Aevi* 21[1951], pp. 87 ff.；23[1953], pp. 35ff.)。

p. 24：†进一步讨论如今要参见齐林前引书（*op. cit.*, pp. 27—

29）。

p. 26：†关于未受教育者的习惯，参见昆体良（Quintilian xii, 10, 57），这一处记述说，当一位律师问一个农民证人是否认识某个叫 Amphion 的人时，他表示否认；但当这位律师抑制住送气发音时，证人马上意识到了这个名字。

p. 28：†关于 [ŋ] 的音位，进一步参见罗瓦克（J. Loicq），《拉丁语小识》("Minutiae Latinae")，见《古典古代》(*L'Antiquité Classique* 31 [1962], pp. 130 ff.)。

p. 29：†如法语 *penser*（与 *peser* 相对）这一词形，是出于书写的影响。

p. 31：†这种说法也许要有某种修正，因为通常词末出现 *m* 的情形要比出现非鼻音长元音或双元音的情形更不常见，所以相应地，它们都倾向于元音省略。然而，由此观点来看，词末鼻音化的元音似乎处在长元音和短元音之间。将这样的元音放在一行的末尾，看来也不仅仅是随机倾向，在此位置音长并不确定，进一步讨论参见 *AR*，页 147；亦参坎帕尼莱（E. Campanile），《拉丁语中 -*m* 前元音的音量》("Sulla quantità della vocale che precede -*m* in latino")，见《方言意大利》(*L'Italia Dialettale* 36 [1973], pp. 1—6)。鼻音化元音的不明确状态部分也许出于下述事实：尽管它们拉长了，却并非（譬如，不像 $\bar{a}$）有明确区别地拉长了，因为长短之间并无明显差异。

就感叹词 *hem*, *em* 和 *ehem* 而言，非常有可能这里的 *m* 也在指示鼻音化；按照建议（卢克，《论拉丁语口语中的一些感叹词》

[G. Luck, *Über einige Interjektionen der lateinischen Umgangssprache* (Heidelberg, 1964), pp. 10 ff.]），第一个词读如升调，第二和第三个词分别读如无声调的长音和短音。可以比较法语 *hein?*（嗯?）

p. 35：†尽管如此，在希腊语人名中，*s* 后跟浊辅音就要浊化（参见 *VG*，页 45 以下）。因此有铭文拼写 *Lezbia*，*Cozmus*，*Zmaragdus*，*Zmyrna*（后一个词也见于贺拉斯《书简》[*Epist.*, i, 11, 3] 和卡图鲁斯 [Catullus, xcv]）。

p. 36：†可是，关于"词首元音省略"（prodelision），参见页 78 附注。

‡ 就此如今尤参佩里尼（G. B. Perini）《关于拉丁语语音的两个难题》(*Due problemi di fonetica latina* [Rome, 1974], pp. 113 ff.)，页 150 参考了沙利文（J. B. Sullivan）的博士论文。佩里尼令人信服地辩称，演变并不局限于短元音之后的位置。

p. 37：†这个注释的详细内容，出自库肯海默（L. Kukenheim）《文艺复兴时期对意大利语、西班牙语和法语语法的历史贡献》（*Contributions à l'histoire de la grammaire italienne, espagnole et française à l'époque de la renaissance* [Amsterdam, 1932], pp. 31 ff.）。

p. 40：†就此如今亦参齐林前引书（*op. cit.*, pp. 38 f., 83 ff.）。

p. 43：†尽管如此，语法学家的说法很可能源自希腊模范，参见劳弗施泰德，见《辨识者》（*Gnomon* 38 [1966], p. 67）。

p. 47：†就此有一种解释，参见页 5 附注。

‡ 这些演变适用于重读音节，非重读音节有些不同。

p. 48：†关于这些演变，参见斯宾塞（N. C. W. Spence），《通

俗拉丁语元音系统中的音量与音质》("Quantity and quality in the vowel-system of Vulgar Latin"),见《词语》(*Word* 21 [1965], pp. 1ff.),当中有进一步的参考文献。

‡ 阿普琉斯(Apuleius)《金驴记》(*Golden Ass*)中有一则有趣的文本支持这一点。在发拉丁语的圆唇音 ō 时,变成驴的卢齐乌斯(Lucius)下垂的嘴唇出了状况,有一次他用希腊语的 ω(这是一个开口更大、更长的元音)代替了这个音,还有一次又以拉丁语短音 o 代替了这个音。全面讨论参见海勒(J. L. Heller),《驴卢齐乌斯作为操希腊语和拉丁语者》("Lucius the Ass as a speaker of Greek and Latin", *CJ* 37 [1941—1942], pp. 531 ff. [532 f.]),还有《驴卢齐乌斯的另一个词》("Another word from Lucius the Ass", *CJ* 38 [1942—1943], pp. 96 ff. [97]);阿伦《拟声种种》("Varia onomatopoetica"),见《语言》(*Lingua* 21 [1968], pp. 1 ff. [3 f.])。

p. 51:† 西班牙语的证据,在此很可能并不切题。

‡ 就此亦参考勒曼(R. G. G. Coleman),《拉丁语 /i/ 的某些音位变体》,见《哲学学会会刊》(*Trans. Phil. Soc.* 1962, pp. 80 ff.)。

p. 52:† 也许与此相关的情形是,在晚期希腊语(纪元后 1—2 世纪)中,οι 与 ō 混合为 [ū],参见 *VG*,页 81。

p. 55:† 早期拉丁语中主格复数与属格单数之间的区分,其实由卢基里乌斯指出了(Diehl fr. 170):

"iam puerei uenere": *e* postremum facito atque *i*

ut puerei plures fiant. *i* si facis solum

"pupilli, pueri, Lucili", hoc unius fiet;

"男孩们已经来了": 把 *e* 和 *i* 放在末尾 puerei 就成了复数。如果你只用 *i*

如 "pupilli, pueri, Lucili", 这就成了单数属格;

瓦罗也指出过这一点（参见司考鲁斯［Ter. Scaurus, Keil vii, p. 18］）。

p. 56: †关于拉丁语在非重读音节中弱化，可以比较现代希腊语某些（北部）方言的演变，在这些方言中，非重读的 *e* 和 *o* 与 *i* 和 *u* 接近——原初的 *i* 和 *u* 完全消失了（譬如，ἔστειλε ［'estile］ → ［'estli］），关于参考文献，见 *AR*，页 133 注释 3。

p. 62: †关于 *au* 的演变，亦参费舍尔（I. Fischer），《注意通俗拉丁语中对双元音 *au* 的处理》("Remarques sur le traitement de la diphthongue *au* en latin vulgaire")，见《罗马尼亚语言学评论》(*Rev. Roumaine de Linguistique* 13［1968］, pp. 417 ff.）。

p. 64: †关于元音重写，参见拉泽罗尼（R. Lazzeroni），《拉丁语铭文中的"元音重写"》("La 'geminatio vocalium' nelle iscrizioni latine")，见《比萨高等学校年鉴》(*Annali... Pisa* 25［1956］, pp. 124 ff.）。

p. 65: †关于这些符号设计，参见奥利弗（R. P. Oliver），《元音符号与加倍符号》("Apex and Sicilicus")，见《美国语文学杂志》(*Amer. J. of Philology* 87［1966］, pp. 129 ff.），这篇文章表示，元音符号与加倍符号（参见页 11 注释）只是"重写标志"（geminationis nota）的变形，而"长 *I*"出自短 ɪ 加上这类上标之一种。

‡ 按照肌动（motor）理论的术语，"隐含音量"（hidden quantity）是可以用"有超越特征的"（hypercharacterized）来描述的音节的一个特点（*AR*，页 66 以下），因为长元音容许胸腔阻止音节，从冲击运动的角度看，使随后的辅音变得多余，很可能也必须靠一种控制活动来发声。对这样的音节而言，有一种普遍的缩减其 -V̆C 词尾的倾向，通过缩短元音（-V̆C），如此一来，辅音就发挥了阻止作用；所以在希腊语中（根据"奥斯特豪夫法则"［Osthoff's Law］），*γνωντες → γνόντες。在拉丁语中，可以注意到，譬如，*cāssus→cāsus*，在此案例中，消除了"多余的"辅音。

p. 69：† 从库吕洛维奇（Kuryłowicz）最近的著作看，经瓦特金斯（C. Watkins）推进，变得越来越可能的情形是，"拉赫曼法则"（Lachmann's Law）从语音上无法解释，而完全由于长元音（简单或复杂）的类化转换：从现在完成时主动态到被动态（一个简单的类化转换案例是 *lēctus* 源于 *lēgit*）。完整的讨论参见库吕洛维奇，《对拉赫曼法则的一则评论》（"A remark on Lachmann's Law"），见《哈佛古典语文学研究》（*Harvard St. in Cl. Philology* 72［1968］, pp. 295 ff.）；瓦特金斯，《再论拉赫曼法则》（"A further remark on Lachmann's Law"），见《哈佛古典语文学研究》（*HSCP* 74［1970］, pp. 55 ff.）。在《重音与节奏》页 18 以下，我批评了奇帕斯基（Kiparsky）和其他人以"生成"（generative）音韵学术语建构规则的企图。

尽管如此，库吕洛维奇和瓦特金斯的解释反过来也遭到考林格

（N. E. Collinge）批评，即《拉赫曼法则再探》（"Lachmann's Law revisited"），见《语言学荟萃》（*Folia Linguistica* 8 [1975], pp. 223 ff.），此难题无疑将持续争论下去。

p. 70：† 进一步讨论参见阿德拉多斯（J.-V. Rodríguez Adrados），《长 *I* 在〈拉丁语铭文集成〉中的运用》（"Usos de la *I* longa en *C.I.L.* II"），见《荣誉》（*Emerita* 39 [1971], pp. 159 ff.）。

‡ 进一步思考，法语和西班牙语证据似乎不确定，也不一定会显示出长元音。

p. 71：† 进一步讨论亦参罗瓦克（J. Loicq），《-*gn*- 前的元音音量和元音音量的性质》（"La quantité de la voyelle devant -*gn*- et la nature de la quantité vocalique"），见《石匠》（*Latomus* 21 [1962], pp. 257 ff.）；以及《拉丁语小识》（"Minutiae Latinae"），见《古典古代》（*L'Antiquité Classique* 31 [1962], pp. 130 ff. [141 ff.]）。

p. 78：† 还应提及"词首元音省略"（或"aphaeresis"），当词尾元音后接系动词 *est*（或 *es*）时，就会出现这种情形。出自语法学家、铭文和抄本传统的证据显示，在这些案例中，词首的 *ĕ* 在联结中消除了；所以，譬如《埃涅阿斯纪》（*Aen.* xi 23）*sub imost*（美第奇编码 [cod. Mediceus]）；《拉丁语铭文集成》（*C.I.L.* XII, 882）*Raptusque a fatis conditus hoc tumulost*，这里的 -*que* +*a* 引起了合乎规范的省音，书写完整，但 *tumulo*+*est* 就写作词首元音省略形式。这同样适用于元音鼻音化，譬如《物性论》（*Lucretius* ii 94）*probatumst*；有时候书写中没有 -*m*，譬如维吉尔《农事诗》（*Geo.* iii 148）*Romanust*（Fulvianus; -*umst* Romanus），《拉丁语铭文集成》(C.I.L. X, 5371) *molestust*。同样的现象也见于早期拉丁语诗歌,在铭文中见于词末 *s* 与 *est* 的联结,譬如,普劳图斯《商人》(*Merc.* 833) *Interemptust, interfectust, alienatust. occidi*;《拉丁语铭文集成》(C.I.L. I, 199, 17) *uocitatust* (166 B.C.)。这无疑与早期拉丁语"弱化"词末的 *s* 有关,就此还有其他证据(参见前文页 36—37),尽管或许这也是由两个齿擦音的接近引起,也就是说, *-us+est→-us+st→-ust*(参见苏比朗《拉丁语诗歌中的省音》[J. Soubiran, *L'élision dans la poésie latine*, p. 163, n.2 and refs])。苏比朗(页 149)指出,这种形式的联结也适用于位置在其他"语法性"词语(譬如介词、连词)前的情形。就此主题,进一步参见:苏比朗上引书(op. cit., pp. 521, 527 f.);希普利(F. W. Shipley),《维吉尔六音步诗中的元音分读、省音、音顿》("Hiatus, elision, caesura, in Virgil's hexameter"),见《美国语文学学会会刊》(*Trans. Amer. Philol. Ass.* 55 [1924], pp. 137 ff.);考尔曼(E. D. Kollmann),《维吉尔六音步诗中可省略音节后强音拍中的"Et"》("'Et' in arsi after elidable syllables in the Vergilian hexameter"),见《古典研究》(*St. Clas.* 14 [1972], pp. 66 ff.)。

p. 81:†据苏比朗(op. cit., pp. 151 ff.),这只适用于词末是 *ĕ* 的情形,并且最初只适用于非重读后接成分(*-que, -ne, -ue*)。这些词汇公认要比其他任何范畴的词汇更常出现省音之情形,但证据并未容许我们如此严格限制省音,就此,苏比朗的观点在 *AR* 页 144 中受到批评。

‡尽管如此,鼻音化元音的"居间"状态(参见页 31 附注)

也许意味着，它们像短元音那样，通常要比真正的长元音更倾向于省音。

p. 82：†就鼻音化元音的案例，舒马克（W. Shumaker, *Cl. Phil.* 65 [1970], pp. 185 f.）指出了有趣的一例。在《赫伦尼乌斯》（*Rhet. ad Herennium* iii, 21）中，建议以 *Domitium* 这个词作为接下来的 *domum itionem* 的记忆提示（这行六音步诗未另见于他处），这显示作者主张完全省略 *domum* 末尾的元音。

‡尽管如此，这种做法只适合于某种"合律的"（scanning）读法，就此参见页 94 附注。

p. 83：†对拉丁语重音发音的更为全面但专门的说明，参见 *AR*，页 151 及其以下，某些方面在页 91 附注有总结。

p. 86：†对此现象的进一步讨论参见页 91 附注。

p. 89：†对音量的更全面的讨论参见 *AR*：总体讨论（页 46 及其以下）和就拉丁语的讨论（页 129 及其以下）。

‡就此，如今尤其参见佩里尼（G. B. Perini）《关于拉丁语语音的两个难题》（*Due problemi di fonetica latina*）。例外可以很容易按照肌动语音学（motor phonetics）来解释（参见页 1 和页 5 附注）。*pe-cus*，*pec-tus* 等音节划分以一种非常普遍的偏好为动因，就是音节有一个辅音辅助的除阻（release）（譬如，不是 *pec-us*）。但如果一个辅音带有完全的口腔闭塞（也就是一个破裂音）后接一个开口大得多的辅音（特别如流音），辅音组整体就会共同作用以支持随后的音节除阻，因为，当第一个辅音破裂后，第二个辅音只会极小地阻塞空气的流出。进一步参见 *AR*，页 57—58，69—71，137—

141；*VG*，页 106—109。

p. 91：† 按照肌动语音学，音量可作如下巧妙规定："重"音节是受阻止音节，而不管阻止是靠肌肉（涉及元音音长），还是靠口腔的狭窄（涉及短元音加辅音音节尾）；"轻"音节是不受阻止音节（涉及短音节不加辅音音节尾）。

阻止一个重读节拍，最普遍的情形是辅以一个音节阻止；因此，重读倾向于与重音节结合。但在某些语言中，包括在英语中（*AR*，页 191 及其以下），可以见到一种双音节重读，从而重读音峰出现在轻音节上，而调音（终止）出现在随后的短元音上——事实上，双音节序列为此可视为一种有"中断"的重音节（中断就是处在元音之间的单个辅音或滑音）。在这种语言中，可以确定一种"重读音阵"（stress-matrix）：要么包含单个重音节，要么包含一个轻音节加短元音的双音节序列。拉丁语重音定位的规则（参见 *AR*，页 155 及其以下），事实上可以巧妙地如此来描述，也就是说，**重音占据词的最后一个音阵**（*matrix*），**不包括末音节**（在超过音阵长度的词语中）。譬如在 rĕfĕctus 这样一类词中，重音音阵是 *fec*；在 réficit 这样一类词中，重音音阵是 refi（重音定位如 reficit 将涉及末音节——故而排除了）。当然，在有些双音节词中，末音节不能排除，如果这个词上有重音，譬如 tŏgă, ădĕ(st) 形式的组合（按照传统，重音如 tóga, ádest）。但仍有 ămā, dŏmī 类型的词，首音节是轻音节，末音节中有长元音；在通俗言语中（如早期戏剧诗歌所反映的那样），以及在常见词语中（如 mŏdō），这些词引入重音系统的方法是将长元音变短（→ ămă, dŏmĭ, modŏ），这从而成为页

86 上所谓"短长格发短音"（iambic shortening）和"短长格短音"（brevis brevians）的基础。尽管如此，按照更高级别的词语类型，除了在常见词语中，这种发短音的情况明显没有发生（譬如在维吉尔那里，domi 合乎规律地读如 dŏmī），这就提出了在更有教养的或正式的言说中它们如何发音的问题。我的建议是（AR，页 185 以下），以一个单音节"断奏"（staccato）来重读第一个（轻）音节，也就是说，重读只用重读肌来阻止，而无须在音节阻止中涉及肌肉助力，例如，"通俗读法"ămă 和"正式读法"ămā，重音读法分别是 ámà，âma。英语中有与此完全相同的情形，譬如，在有教养的言说中，record 这种类型的词读如 [rêkɔɔd]，第二个元音读如长元音，并且以单音节断奏重读；但按照较无教养的读法，听到的发音是 [rékəd]，第二个元音变短和弱化，使一个双音节"连奏"（legato）重读成为可能。

较不常见的模式，重读的轻音节后接一个非重读的长元音，堪比音乐中所谓"苏格兰促音"（Scotch snap），重读音符缩短，非重读音符延长（与更为规范的"格律变化"相反，见萨克斯 [C. Sachs]，《节奏与拍子》[Rhythm and Tempo，London, 1953, pp. 296 ff.]）。有意思的是我们注意到，这也是波希米亚（Bohemian）和马扎尔（Magyar）民间音乐的一个典型特征——捷克语（Czech）和匈牙利语（Hungarian）（参见页 6）也都常常表现出这种较不常见的模式（譬如捷克语 kabát，匈牙利语 barát，重读起始元音，却长读第二个元音，两种语言的正词法都用升调符号来显示）。

‡尽管如此，这些语言甚至有时候也表现出表达松弛的情形，

从而在此方面表现混乱。

p. 92：†对本特利的更为全面的讨论，如今参见 *AR*，页 342 及其以下。

p. 94：†本书首版付梓以来，我由进一步研究引导，调整了我在此问题上的观点。详尽论证的提出是在《古典希腊语语音》页 335 及其以下的"附录"中，在此我只提出主要结论，特别涉及六音步诗（hexameter）。证据似乎表明，事实上正常诵读拉丁语诗歌的读法，是以自然的词语（和/或句子）的重读，而非使用合乎规范但出于人为的诗行强音（verse ictus）——尽管这样就预先排除了任何清晰的动态模式出现于六音步的前四个音步中。诗人，以及有教养的听众，若对希腊语诗歌训练有素，就会欣赏到潜在的音量模式，甚至在这些模式与词语实际的动力系统间的对位中获得审美乐趣。但对未受过训练的听者而言，动力模式通常并不明显，除了在最后两个音步中，他也欣赏不到纯粹的音量模式。所以，诗行结构对于他而言仍然是个谜。这一点显见于《拉丁语诗歌碑铭》（*Carmina Epigraphica*）中的某些篇章，它们的编写者教育程度较低，每行诗的前半段在格律上完全是混乱的，只有末两个音步（强音和重读通常一致）揭示了作者的"构建六音步的意图或雄心"。

尽管如此，从早期以降，似乎人为的"合律"诵读，通过重读诗行强音和在不一致之处抑制自然的词语重音，通常在学校中作为一种教授格律的方法来练习——譬如，由奥索尼乌斯（Ausonius）《论孩子的学习》（*De studio puerili*，v. 46 f.）所表明的那样：

    ... tu flexu et acumine uocis

innumeros numeros doctis accentibus effers.

……你以婉转和尖锐的声音

无数韵脚，你以训练有素的重音说出。

就此亦参见洛伦特（Herrero Llorente），《拉丁语诗体研究》（*La lengua latina en su aspecto prosódico* [Madrid，1971]，pp. 200 ff.）。

一则关于伊丽莎白时代（Elizabethan times）讲英语的人诵读拉丁语诗歌的有趣研究，见于阿特里奇（Attridge）《深思音节》（*Well-Weighed Syllables*，pp. 30 ff.），由此可以清楚地看到，两种传统都在应用，而合律的读法只是（或许除了在苏格兰）为了教学法之目的。

在希腊语和拉丁语诗歌作品中，诗行表现为一种人为的聚合，其中处理形容词之间的过渡的方式，就好像它们有密切关联，但其实并非如此。譬如这行诗的开头：

hic currus fuit; hoc regnum...

战车在此；这统治……

在 *fuit* 与 *hoc* 之间，语法上并无密切关联，而且正常言说时它们之间还应有一个停顿。但为了诗体之目的，对两个词的处理是好像它们前起后继没有中断，内含的音节划分是 *fui-t(h)oc*，使第二个音节变成了"轻音节"，尽管事实上在规范言说中，这个音节受到阻止从而是"重音节"。只有在非常偶然的情况下，才容许在作品中让自然模式占据上风，如：

omnia uincit amŏr; et nos cedamus amori,

爱胜过一切；就让我们将我们自己交给爱，

在这行诗中，自然的停顿容许 *amŏr* 的第二个音节成为重音节（参见 *AR*，页 117，页 130 以下）。

同样的情形适用于元音省略或元音缩合，后者在正常言说中很有可能局限于密切关联的词语，但在诗歌中普遍适用于整行诗，在戏剧诗中有时候甚至跨越了说话人的转换，如泰伦斯《安德罗斯女子》(*And.* 298)：

PAM. Accepi: acceptum seruabo.

MYS. Ita spero quidem

帕门佩鲁斯：我接受：我将保守所接受的事情。

米西斯：这正如我所愿

(参见苏比朗 [J. Soubiran]《拉丁语诗歌中的省音》[*L'élision dans la poisie latine*, p. 478])。关于感叹词如 *hem*，参见罗西 (L. E. Rossi)《完整发音：元音省略位置上的省音》("La pronuntiatio plena: sinalefe in luogo d'elisione")，见《弗兰克尔纪念文集》(*Omaggio a Eduard Fraenkel* [Rome, 1968], pp. 229 ff. [237])。因此，在常规诵读拉丁语诗歌时，与合律诵读相反，元音省略很可能只适用于语法或语义上恰当的密切关联 (参见页 82 和当页附注)。

与拉丁语不同，在希腊语口传诗歌中，很可能强音通常与自然的词语重读一致 (独立于旋律重音) ——各种创作约束 (诸如"波尔森法则" [Porson's Law]) 设计出来，很可能是为了保证这一点，尤其在将近诗行末尾时。对此问题的详尽讨论见 *AR* (页 274—

334），总结见 *VG*（页 131—139）。

‡ 希腊语中，1 重音节 =2 轻音节的原理，更为全面的讨论见 *VG*，页 112—114；*AR*，页 60 以下，页 163 及其以下，页 316 及其以下。

p. 102：† 关于古英语与中世纪英语的分期，进一步参见派尔斯（T. Pyles），《古英语中的拉丁语借用词和外来词的发音》("The pronunciation of Latin learned loan words and foreign words in Old English")，见《现代语言学会会刊》(*Proc. Mod. Lang. Ass.* 58 [1943]，pp. 891 ff.)；富勒（G. H. Fowler），《注意英格兰中世纪拉丁语发音》("Notes on the pronunciation of Medieval Latin in England")，见《历史》(*History* 22 [1938]，pp. 97 ff.)。

p. 104：† 相较于希腊语，拉丁语改革较不成功，1647 年罗伯特汉姆（J. Robotham）在一篇为霍恩（T. Horn）翻译的考门尼乌斯（Comenius）《开启语言之门》(*Janua Linguarum Reserata*)（参见阿特里奇前引书，页 25）转写的前言《致读者》("To the Reader")中有评论。加德纳的一位支持者吉斯博士（Dr. John Keys），按照他所运用的发音（参前文页 16 和页 39 注释 1）能大致将他的名字拉丁语化为 Gaius——这种拼写和发音保存在剑桥学院（Cambridge college）名录中，他是这所学院的教师和重建者（参见《泰晤士报文学增刊》上的信 [letter in *TLS*，26 Dec. 1986]）。

p. 105：† 参见卡贝尔（A. Kabell），《格律研究 II：接近古代形式》(*Metrische Studien II: Antiker Form sich nähernd* [= Uppsala Univ. Årsskr. 1960:6]，pp. 23 ff.)："在盎格鲁 – 撒克逊国家中，有一种拉

丁语发音模式，必须听过才会相信它是有可能的。"

‡ 语言学家罗宾逊（Robert Robinson）的语音方案（1617）显示的一种发音是 mīhĭ, tībĭ, sībĭ；但就 mihi 而言，18 世纪一位叫米勒（Joe Miller）的卖笑者声称能解释"All my eye and Betty Martin"★的由来："有个水手走进一座外国教堂，听到有人说出了这些词语——Ah! mihi beate Martine［哦！幸福的马提努斯啊］。水手对此奇遇的解释是，他听得不大清楚，但他认为非常像'All my eye and Betty Martin'。"当然，没有哪个外国人会这样发音！

p. 106：† 一份符合剑桥语文学会拟订的拉丁语发音的纲要，1886 年作为一本手册出版，题名《奥古斯都时期的拉丁语发音》（*Pronunciation of Latin in the Augustan Period*）。这个如今普遍应用的发音系统，有牛津和剑桥共同认可，1906 年 10 月 13 日曼彻斯特古典学会几乎全票通过予以采纳。进一步参见派尔斯《小题大做：拉丁语发音改革》（"Tempest in teapot: Reform in Latin Pronunciation"），见《英国文学史》（*Eng. Lit. Hist.* 6［1939］, pp. 138 ff.）。

p. 107：† 关于现代德国的拉丁语发音，参见沃代尔（W. L. Wardale）《德语发音》（*German Pronunciation*［Edinburgh, 1955］, pp. 33f.）

关于讲丹麦语的人对声门收窄的应用，参见汉森（A. Hansen）《丹麦的城市》（*Stødet i Dansk*［Copenhagen, 1943］, pp. 102 ff.）；关于讲挪威语的人的旋律重音，参见博尔格斯特罗姆（C. H.

★ 俚语，意为"胡说八道"。——译注

Borgström），《挪威的拉丁语发音中的音调层的应用》("Bruken av tonelag i norsk latinuttale"），见《挪威语言学杂志》（*Norsk. Tidsskr. f. Sprogvidenskap* 22 [1968]，pp. 32 ff.）；亦参 *VG*，页 152。

p. 108：†其他关于英语发音的评论，参见阿特里奇前引书（Attridge，op. cit.，p. 23，n. 2.）。

文献选目

Abercrombie, D. *Elements of General Phonetics*. Edinburgh, 1967.
Allen, W. S. *Accent and Rhythm* (Cambridge Studies in Linguistics, 12). C.U.P., 1973 (abbr. *AR*).
Vox Graeca. 3rd edn. C.U.P., 1987 (abbr. *VG*).
Attridge, D. *Well-Weighed Syllables: Elizabethan verse in classical metres*. C.U.P., 1974.
Beare, W. *Latin Verse and European Song*. London, 1957.
Bonioli, M. *La pronuncia del latino nelle scuole dall'antichità al rinascimento*, Parte I. Torino, 1962.
Brittain, F. *Latin in Church* (Alcuin Club Tracts, 28). 2nd edn. London, 1955.
Buck, C. D. *Comparative Grammar of Greek and Latin*. Chicago, 1933 (8th imp. 1962).
Garde, P. *L'Accent*. Paris, 1968.
Gimson, A. C. *An Introduction to the Pronunciation of English*. 2nd edn. London, 1970.
Gordon, A. E. *The Letter Names of the Latin Alphabet* (Univ. of Calif. Pubns: Classical Studies, vol. 9). Berkeley, 1973.
Grandgent, C. H. *An Introduction to Vulgar Latin*. Boston, 1907.
Halle, M. & S. J. Keyser. *English Stress: its form, its growth, and its role in verse*. New York, 1971.
Herescu, N. I. *La poésie latine*. Paris, 1960.
Jones, D. *The Phoneme*. 3rd edn. Cambridge, 1967: repr. C.U.P., 1976.
Kent, R. G. *The Sounds of Latin* (Language Monograph No. XII, 1932): repr. New York, 1966.
Knight, W. F. J. *Accentual Symmetry in Vergil*. 2nd edn. O.U.P., 1950.
Lindsay, W. M. *Early Latin Verse*. O.U.P., 1922: repr. 1968.
Palmer, L. R. *The Latin Language*. London, 1954.
Raven, D. S. *Latin Metre*. London, 1965.
Soubiran, J. *L'élision dans la poésie latine*. Paris, 1966.
Stetson, R. H. *Motor Phonetics*. Amsterdam, 1951.
Sturtevant, E. H. *The Pronunciation of Greek and Latin*, 2nd edn. Philadelphia, 1940: repr. Groningen, 1968.
Traina, A. *L'alfabeto e la pronunzia del latino*. 4th edn. Bologna, 1973.
Wilkinson, L. P. *Golden Latin Artistry*. C.U.P., 1963.
Zirin, R. A. *The Phonological Basis of Latin Prosody*. The Hague, 1970.

建议发音概说

（数字指原著页码）

132　（"English" 指标准发音或 "公认" 英国南部英语发音。）

		For discussion see page
ă	As first *a* in Italian *amare* (as vowel of English *cup*:[1] N.B. not as *cap*)	47 ff.
ā	As second *a* in Italian *amare* (as *a* in English *father*[1])	47 ff.
ae	As in English *high*	60 f.
au	As in English *how*	60 ff.
b	(1) As English *b*	21
	(2) Before *t* or *s*: as English *p*	21 f.
c	As English or French 'hard' *c*, or English *k*	14 f.
ch	As *c* in emphatic pronunciation of English *cat*	26 f.
d	As English or French *d* (on *ad-*, see p. 22)	20 f.
ĕ	As in English *pet*	47 ff.
ē	As in French *gai* or German *Beet*	47 ff.
ei	As in English *day*	63
eu	See p. 63.	
f	As English *f*	34 f.
g	(1) As English 'hard' *g*	22 f.
	(2) *gn*: as *ngn* in *hangnail*	23 ff.
h	As English *h*	43 ff.
ĭ	As in English *dip*	47 ff.
ī	As in English *deep*	47 ff.
i consonant	(1) As English *y*	37 f.
	(2) Between vowels: = [yy]	38 ff.
k	As English *k*	15

[1] Less accurate approximations.

		For discussion see page
l	(1) Before vowels: as *l* in English *lay*	33
	(2) Before consonants and at end of word: as *l* in *field* or *hill*	33 f.
m	As English *m* (on end of word see pp. 30 ff.)	30
n	(1) As *n* in English *net*	27
	(2) Before *c, g, qu*: as *n* in *anger*	27 f.
	(3) Before *f*: as first *n* in some pronunciations of *information*	29
ŏ	As in English *pot*	47 ff.
ō	As in French *beau* or German *Boot*	47 ff.
oe	As in English *boy*	62
p	As English or French *p*	12 f.
ph	As *p* in emphatic pronunciation of English *pig*	26 f.
qu	As *qu* in English *quick*	16 ff.
r	As Scottish 'rolled' *r*	32 f.
s	As *s* in English *sing* or *ss* in *lesson* (N.B. never as in *roses*)	35 f.
t	As English or French *t*	13 f.
th	As *t* in emphatic pronunciation of English *terrible*	26 f.
ŭ	As in English *put*	47 ff.
ū	As in English *fool*	47 ff.
u consonant	As English *w*	40 ff.
ui	See pp. 62 f.	
x	As English *x* in *box*	45
y	As French *u* or German *ü*	52 f.
z	(1) As English *z*	45 f.
	(2) Between vowels: = [zz]	46

跋"古音三书"

2009年深秋,刘小枫老师到陕西师范大学讲学,首讲题为"哲人的幽微",在古香古色的主图书馆200人报告厅举行,几层楼梯上都站满了人……第二讲,换到了600人大礼堂,主题"潘多拉神话",座无虚席……结束后陪他走回校内宾馆,刘老师问起我的教学情况和学术兴趣,我说一直在开设两门西方古典语文课程,就是特别想搞清楚"这两门西方古典语文究竟是怎么回事",他鼓励我说,这得从长计议。

刘老师离开西安当晚,陈越兄宴请,席间他们谈得十分投机,都是谋划如何编译学术丛书的事情。我郑重地问了刘老师一个问题:"您这些学术规划究竟是为了什么呀?"他不假思索答道:"为中国学术留下几个读书的种子!"返京后几日,刘老师就寄来了几大卷训诂详尽的希腊语和拉丁语文选。

转眼十多年过去了,徐晔、陈越两位先生主编的"精神译丛"已蔚为大观,品质享誉学界,荣登模范。而我的初心也没有变,想搞清楚西方古典语文之究竟的愿望,算是推进了一小步。

清学开山顾炎武在《〈音学五书〉叙》末有言:"天之未丧斯文,必有圣人复起,举今日之音而还之淳古者。"亭林先生将"音学"

提高到了"斯文圣学"高度！有见于"旧本之日微而新说之日凿"，他法言确确："读九经自考文始，考文自知音始。"（《答李子德书》）可见，我国西方古典语文学研究，必须向古音学方向拓展。为此我们撷译前剑桥大学古典语文学家阿伦（William Sidney Allen）教授三部古典希腊语和拉丁语的古音学专论，仿顾炎武《音学五书》大题，名之"古音三书"，作为"爱言：古典语文学"（ΦΙΛΟΛΟΓΙΑ）丛书首批书目。

1888年9月末，哲人尼采（Friedrich Nietzsche）致信友人福克斯（Carl Fuchs），陈说"古代节奏（'时间型节奏'）与日耳曼语节奏（'冲动型节奏'）之分野"，认为"按照古代的理解，节奏的性质是道德和审美，是对激情的约束。我们的节奏类型属于病理，而古代的节奏类型从属于'伦理'"。尼采所言足见古今音律品质意趣之别大矣哉！然古今中西哲人精神实无隔阂，中国上古哲人早就将音乐与政治一以贯之了："凡音者，生于人心者也。乐者，通伦理者也。是故知声而不知音者，禽兽是也；知音而不知乐者，众庶是也。唯君子为能知乐。是故审声以知音，审音以知乐，审乐以知政，而治道备矣。"（《礼记·乐记》）古哲所论，实为"全球古典语文学"视野中古音学研究之旨归。

世界著名汉学家何莫邪先生，20世纪以"古汉语语法研究"（"中国科学技术史"第7卷《中国传统语言与逻辑》）蜚声海内外，慨允为"古音三书"作序，为方兴未艾的"全球古典语文学"张目，还拨冗翻译了插图中的希腊语铭文。剑桥大学古典系主任克拉克森教授，是阿伦教授原"比较语文学"教席当任者，他专文序介阿伦教授"古音三书"成就，重点介绍了近十年西方古典音韵学研究新进展。英国国家学术院院士、前剑桥大学三一学院院长、已故著名语言学家莱昂斯爵士（Sir John Lyons），2006年为阿伦教授撰写的长篇纪念文章《古音学家阿伦生平学述》，获英国国家学术院许可，译作分册，以飨读者。

古人云："知音其难哉！""爱言：古典语文学"丛书暨"古音三书"，承蒙西北大学出版社马来社长、张萍总编辑鼎力支持。尤为感念，从书名译法，到版式设计，陈越兄都视如己出，全程事无巨细给予建议。责任编辑任洁女士，校勘细致入微令人称奇，待人温润如玉令人感佩。西南大学我国古音学研究大家孟蓬生教授，对丛书翻译鼓励有加。译者所在重庆大学袁文全教授，对古典人文学术热忱支持始终如一。重庆大学古典辞书编纂研究中心和全球古典语文学研究中心同仁，都在支持我的工作，朱成明教授指正了梵文音韵学术语译法，肖馨瑶博士校正了西方大学教职教席译法。三位后学张鑫、贾士申、黄卓尔亦有贡献。

目力所及，"古音三书"应为国内学界首次译介西方古音学专门研究著作。于我而言，术语翻译难度极大，尤其"古代语法学家及其他作家语录"部分，鲜有现代译本参考，勉力按字面生硬直译，当然参考了高本汉《中国音韵学研究》（赵元任、罗常培、李方桂译，上海：商务印书馆，1940）等古音学著作，以及特拉斯克《语音学和音系学词典》（北京：语文出版社，2000）等工具书。译稿从诸位前辈师友大家获益良多，然错谬难免，祈请方家指教，以俟来日完善。

黄瑞成

壬寅仲秋于渝州九译馆

小寒改定

著作权合同登记号：陕版出图字 25-2022-162
图书在版编目（CIP）数据

古典拉丁语语音 /（英）威廉·西德尼·阿伦著；黄瑞成译 . — 西安：西北大学出版社，2022.12
（爱言：古典语文学丛书 / 黄瑞成主编）
书名原文：Vox Latina：A Guide to the Pronunciation of Classical Latin
ISBN 978-7-5604-5080-3

Ⅰ.①古… Ⅱ.①威…②黄… Ⅲ.①拉丁语—语音—研究—古代 Ⅳ.① H771.1

中国版本图书馆 CIP 数据核字（2022）第 247384 号

This is a Simplified-Chinese translation of the following title published by Cambridge University Press: Vox Latina: A Guide to the Pronunciation of Classical Latin
ISBN 9780521379366.
© Cambridge University Press 1965,1978
This Simplified-Chinese translation for the People's Republic of China (excluding Hong Kong, Macau and Taiwan) is published by arrangement with the Press Syndicate of the University of Cambridge, Cambridge, United Kingdom.
© Northwest University Press Co.,Ltd.,2022
This Simplified-Chinese translation is authorized for sale in the People's Republic of China (excluding Hong Kong, Macau and Taiwan) only. Unauthorised export of this Simplified-Chinese translation is a violation of the Copyright Act. No part of this publication may be reproduced or distributed by any means, or stored in a database or retrieval system, without the prior written permission of Cambridge University Press and Northwest University Press Co.,Ltd.
Copies of this book sold without a Cambridge University Press sticker on the cover are unauthorized and illegal.
本书封面贴有 Cambridge University Press 防伪标签，无标签者不得销售。

古典拉丁语语音

［英］威廉·西德尼·阿伦 著　黄瑞成 译
出版发行：西北大学出版社
（西北大学校内　邮编：710069　电话：029-88302621　88303593）

经	销：	全国新华书店
印	装：	陕西博文印务有限责任公司
开	本：	889mm × 1194mm　1/32
印	张：	6.5
字	数：	150 千字
版	次：	2022 年 12 月第 1 版
印	次：	2022 年 12 月第 1 次印刷
书	号：	ISBN 978-7-5604-5080-3
定	价：	49.00 元

本版图书如有印装质量问题，请拨打电话 029-88302966 予以调换。